돈 없 고
평 범 한
당신을 위한
창업 전략서

돈없고 평범한 당신을 위한 창업 전략서

가볍게 시작하는
창업이 성공한다

정효평
지음

휴엔스토리

지난 3년 동안 정말 많은 창업자와 예비 창업자를 만났다. 진심으로 그들을 도와주고 싶었고 그들이 바뀌길 원했다. 그러나 그모든 노력이 그들에게 들이는 시간에 비해 얼마나 비효율적인 헛수고라는 것을 아는 것은 오래 걸리지 않았다. 자영업 시장이 포화인 상태에서, 창업하고 3년 이내에 80%가 망하는 이유가 너무나 분명히 보였다. 그들은 한결같았다. 정말 무서울 정도로 한결같았다. 모두가 같은 곳을 바라보고 있었다. 마치 《꽃들에게 희망을》에서 무작정 남들이 가는 곳을 향해 근거 없는 막연한 희망을 품고 기어오르는 호랑 애벌레를 보는 것 같았다.

그냥 버티기만 하면 좋은 날이 올까? 일면식도 없는 커뮤니티의 회원에게 위로를 받는다고, 술을 마시고 담배를 태운다고 해서절대 문제는 해결되지 않는다. 오직 '행동'만이 문제를 해결할 수있는 시작이다.

그런데 문제는 아무것도 하지 않은 채로는 몇 달을 버틸 여력조차 없다는 것이다. 그래서 온 세상이 아수라장이다. 자영업뿐만 아니라 모든 경쟁하는 방식을 택한 사람들이 추구하는 곳에는 어떤 희망도 없다는 것을 알았으면 좋겠다. 그곳은 희망의 불모지다.

그래서 애초에 시작하지 않은 예비 창업자들이 실패하지 않고 성공할 수 있도록 도와주는 것이 기존 창업자들이 변하는 것보다 훨씬 효율적이라고 판단했다. 그게 훨씬 쉬워 보였지만 그 또한 쉽지는 않다. 왜냐하면 시작하기 전의 그들도 여전히 앞서간 자들과 같은 곳을 바라보고 있기 때문이다. 그럼에도 불구하고 그들에게 희망을 거는 것은 시작하기 전에는 어찌해 볼 여지가 있기 때문이다.

기존의 자영업자들이 내가 제시하는 방식을 받아들일 수 없는 가장 큰 이유는 거대한 고정 관념으로 시작했기 때문이다. 지금 당장 매출이 떨어지면 바로 끝장이라는 그 절박함과 두려움이 너무 크기 때문이다.

나는 모든 온라인 공간에서 내 이름을 걸고 글을 쓴다. 그것도 실명을 쓴다. 인터넷에 검색을 해보면 실명을 쓰는 내가 나온다. 그래서 부끄럽지 않은 글을 쓰려고 노력한다.

내가 쓴 글에 공감해 주는 분도 있지만, 부정적인 의견을 말하는 사람들이 훨씬 더 많다. 당연한 일이다. 그럴 수밖에 없다. 나를 비난할 수 있다. 각자의 생각은 다양할 수밖에 없으니까. 그저 그중에 공감하고 도움을 받고 싶은 분들이 있다면 실행해 볼 수 있기를 바랄 뿐이다. 대부분 도움을 받거나 위로받기 위해 모인 커뮤니티 공간에서는 서로에게 도움이 될 수 있기를 바란다. 나 또한 그런 의미에서 글을 쓰기 시작했다.

취업보다 몇 배나 힘들고 실패하면 거의 모든 것을 잃을 수도 있는, 엄청나게 고통스러운 자영업 시장에 진입하려는 사람들을 예비 창업자라고 한다. 이 책은 오직 그런 자영업 시장에 뛰어들려는, 처음이라 잘 모르는 예비 창업자 여러분들을 위해 쓴 것이다. 기존의 창업자를 위한 책이 아니다. 만약 기존의 사업을 접고 새로 시작할 생각이라면 애초에 다르게 시작하는 예비 창업자가 되길 바란다.

경기가 안 좋아서, 포화 상태라서, 주변에서 말리는 분위기라서 좀 더 신중해지려는 분위기는 바람직하다. 그럼에도 불구하고 시작과 결론은 여전한 것 같다. 돈을 벌기 위한 가장 쉽고 빠른 방법을 찾는 것이다. 그게 프랜차이즈는 아니었으면 좋겠다고 계속 말하고 있지만 모두가 그 길로 가고 있다. 정말 미칠 노릇이다. 결과론적으로는 프랜차이즈 창업은 처음이라 잘 모르는 초보 창업자가 돈을 가장 쉽고 빠르게 잃는 방법이다.

어쩌면 계속 써온 글에서 언급했던 것처럼 대부분의 창업자는 비슷한 생각을 갖고, 비슷한 방식으로 준비해서 창업하고, 비슷한 방식으로 홍보하고 경쟁하는 방식을 택한다. 이름만 다른 비슷한 상품을 더 싸고, 더 좋게, 더 맛있게, 더 많이 주려고 한다. 친절까지 얹어서. 그래서 힘든 건데….

기존의 자영업자들을 보면 일단 표정이 어둡다. 그렇게 오랫동안 일하고 더 싸게 비슷한 상품을 팔아서 남는 게 없기 때문에 기운이 빠질 수밖에 없다. 늘어나는 적자는 누구도 행복하게 할 수 없다.

손님이 너무 없는 이유를 불경기와
유동인구 없는 상권에서 찾으면
아무리 팔아도 남는 게 없는 이유를
터무니없이 높은 최저임금과 주휴 수당에서 찾으면
고용한 직원보다 더 적게 버는 이유를
빌어먹을 부가가치세와 종합소득세 폭탄에서 찾으면….

그러면 영세한 자영업자 개개인이 어찌할 수 있을까?

자신이 어찌할 수 없는 일에서 아무리 그럴싸한, 아니 정말 그렇다 한들 어찌할 수가 없다. 어찌할 수 있는 이유를 찾아야 한다. 그리고 개선해야 한다. 어찌할 수 있는 가장 쉽고 빠른 방법은 하나만 제대로 하는 것이다.

그런데 그 이유를 찾아도 기존 자영업자들은 개선하기 어렵다. 그게 비정한 현실이다. 그러니 그 이유를 찾을 필요가 없다. 어차피 어찌할 수가 없으니까!

어차피 어쩔 수 없는 상황에 놓여 있다. 절망적이고 답이 없다고들 한다. 그게 암울한 거다. 그들의 세상은 그래서 아수라장 그 자체다. 답을 얻기 위해서는 여기서 애초에 왜 그렇게 된 건지 돌아보면 알 수 있다.

자영업의 길을 가겠다고 전 재산 싸 짊어지고 프랜차이즈 창업 박람회를 기웃거린다. 그리고 이미 시작한 후에 온라인 질문 게시판에 글을 올린다.

"정말 1도 몰라서 그러는데 선배님들 제발 도와주세요."

물론 모르면 물어보고 도움받을 수 있다. 그런데 그걸 왜 창업 전에 알아볼 생각을 안 하는 건지 모르겠다. 너무나 소중한 돈 아닌가?

정말 신중하게 알아보고 시작한 거라고 자신 있게 말할 수 있는 사람은 있을까? 없을 거라고 본다. 무슨 일이 닥칠지는 아무도 모르니까.

그런데 한 번 생각해 보면 정말 어렵지 않다. 처음이라 잘 모르는 초보 창업자가 평생 한 번도 단련하지 않은 근육을 쓰는데 잘할 수 있을 것이라고 생각하는 것 자체가 모순인 거다. 인라인 스케이트를 탈 때 쓰는 근육은 일상생활에서 쓰던 근육과 달라서 처음 탈 때 허리가 끊어질 듯 아프다. 웬만큼 숙달돼도 스케이트를 처음 신을 때는 힘들다.

우리는 모두 태어나서 걸을 때까지 2만 번을 넘어진다고 한다. 누구도 태어나자마자 뛰어다니지 않는다. 그럴 수 없다. 예비 창업자는 처음에 넘어지고 깨질 수밖에 없다. 그건 당연한 일이다. 이를 앙다물고 다짐한다고, 철저히 준비한다고 해결될 문제가 아니라는 거다.

애초에 시작을 다르게 해야 한다는 얘기는 업종의 선택부터 운영 방법까지 모두가 고통받고 있는 그 방법과 방식이 아니어야 한다는 것이다.

제대로 된 근육을 키우는 과정을 거치지 않은 모든 창업자는 고통받을 수밖에 없다. 오랫동안 장사를 해왔다고 해서 제대로 된 근육을 단련했다고 말할 수 없다. 그들 역시 점포라는 감옥에 갇혀서 자유로운 삶과 가족과 함께하는 삶을 포기했기 때문이다.

돈? 그건 의미 없다.

여기서는 오직 의미 있는 삶과 창업에 관해 이야기하려고 한다.

구석진 곳에서 가볍게, 오직 하나만 제대로 하는 방식이, '처음이라 잘 모르는' 초보 창업자가 한 번도 써본 적 없는 근육을 키워 남은 삶을 안전하게 꾸려 나갈 수 있는 가장 쉽고 빠른 방법이라는 것을 알아야 한다. 투자한 돈이 없으니 잃을 돈도 없다. 그래서 위험 부담도 실패에 대한 두려움도 적다. 하지 않을 이유가 없다.

처음이라 잘 모르는 예비 창업자 여러분은 제발 기존의 창업자들처럼 시작하지 마시라. 창업을 준비하시는 거라면, 꼭, 반드시 지금의 고통받는 자영업자들처럼 되지 않으려면 가볍게 시작해야 한다. 그리고 창업에 대해 완전히 새로운 전략을 맞이할 준비를 하자.

　낯설고 궤변 같은 얘기들이 당신의 정신세계를 고통스럽게 할지도 모른다. 당신의 고정 관념을 뒤집고 예상을 벗어나는 위험한 말들이 끊임없이 당신의 머리를 쥐어뜯을 것이다. 그렇더라도 창업을 대하는 당신의 생각을 완전히 새롭게 쌓아 올려야 한다. 당장은 혼란스러울 수도 있겠지만 그게 처음이라 잘 모르는 당신이 성장하며 성공할 수 있는 가장 쉽고 빠른 길이다. 그러기 위해서 어떻게 뒤집어 봐야 하는지 얘기해주겠다.

　창업을 준비하는 당신의 건투를 빈다.

차례

거대한
벽을 넘어서:
고정 관념

우리가 살면서 만나는 수많은 고정 관념의 벽은 상상을 초월할 정도로 높고 견고하다. 그 벽은 오래될수록 더 두껍고 높다. 그래서 그 벽을 허물거나 넘는다는 것은 상당한 에너지를 소모하는 일이기도 하다. 누군가 20세가 넘은 성인의 사고 체계를 바꾸는 것은 잘 빚어진 도자기를 성형하는 것과 같다고 했다. 그만큼 어려워 자칫 바꾸거나 고치려 하다가는 깨트리기 십상이라는 말이다. 누군가의 오래된 고정 관념이 무너진다는 것은 자신의 인생을 관통하던 중심 가치가 무너진다는 것이고, 그것이 오래된 것일수록 변화에 의한 후유증이 커져서 심한 경우 극단적인 선택을 하기도 하는 무서운 것이다.

수많은 자영업자를 만나면서 부딪혔던 벽들이 있었다. 그 사람들이 가진 굳은 생각들은 오랜 세월 동안 공고히 다져져 온 것들이었다. 그들과의 만남을 통해 얻은 결론은 하나다. 지금 당면한 문제점을 인지하면서 개선의 의지나 열정이 높은 사람은 고정 관념을 쉽게 허물고 새로운 도전에 머뭇거리지 않지만, 문제점만 아는 사람은 로또 말고는 답이 없다는 사실이다.

고정 관념의 벽이 높은 사람은 개선 방향을 얘기해주면 말도 안 되는 소리라며 손사래를 치거나 무시한다. 나름 그 분야의 전문가라는 사람이 얘기해도 마찬가지라는 것을 알았을 때는 대상을 잘못 선택했고, 그간의 노력이 무의미했다는 것을 쉽게 깨달을 수 있었다.

가장 중요한 것, 본질이 무엇인지 모르고, 절망에 빠질 이유가 없음에도 일부러 절망을 만들어서 그 안으로 들어가는 나약하고 수동적인 사람들이 많다. 그 사람들을 보면서 오히려 절망적인 상황이 축복이 될 수 있다는 얘기를 들려주고 싶다. 모든 것을 놓치고 싶지 않았지만 놓쳤던 모든 것, 그 모든 것을 버림으로써 얻을 수 있다는 사실을 알려주고 싶다. 마음의 빗장을 풀고 있는 그대로 받아들일 준비만 하면 좋겠다. 지금까지 옳다고 생각했던 규범과 규칙과 원칙들을 벗어던지고 가벼운 마음으로 읽어주기 바란다.

창업을 바라보는
올바른 자세

창업에 관심이 있는 사람들이 모인 커뮤니티에서 기존에 해왔던 방향의 글을 쓰다 보면 참 다양한 댓글이 달린다. 다행이라고 생각하는 것은 비방하는 댓글이 절반 이상 차지한다는 것이다. 처음에는 그 비난의 댓글에 내 성격과는 맞지 않게 '부드럽게' 답변을 해줬다. 안타까운 마음보다는 화가 나는 게 당연하지만 굳이 또 화낼 이유가 없었다. 하지만 이제는 그런 댓글에는 전혀 반응하지 않는다. 어차피 그들의 생각은 글 몇 줄로 바뀌지 않을 것이므로. 그들은 그들이 옳다고 생각하는 대로 살아가면 되는 것이므로.

말도 안 되는 소리를 한다.
어떻게 구석진 곳에서 장사를 하냐?

장사는 목이 정말 중요하다.

권리금이 매출이다.

하나만 판다는 게 말이 되냐? 조화가 중요한 거지.

지금이 어느 땐데 창업을 하라고 하느냐?

책 팔려고 별짓을 다 하는구나!

그 좋은 방법으로 니가 해라.

장사가 그렇게 말로 하는 게 아니다.

이렇게 비방하는 분들과 같은 생각을 가진 예비 창업자와 마주 앉아 대화를 나눈 적이 있다. 마주 앉아서는 저렇게 막말(?)은 안 하니까, 대화는 되니까 결국 풀어지긴 했다. 차분하게 얘기하던 중에 조금씩 예비 창업자의 생각이 열리더니 자세를 고쳐 앉았다.

대부분의 창업자는 기존에 해왔던 생각대로 소중한 큰돈을 마련해서 프랜차이즈를 알아보거나 상권 분석부터 한다. 비싼 권리금에 인테리어도 멋지게 하고 직원도 채용하면서 세무사부터 알아보고 있다. 자영업 시장의 실태다. 지금 모두가 망하고 있다는 현장의 소리다.

무한 경쟁의 전쟁터로 거추장스러운 장비를 짊어지고 뛰어든다. 영화 《엣지 오브 투모로우》에 나온 톰 크루즈처럼 말이다. 무모한 방식으로 창업하게 될 수많은 예비 또는 초보 창업자들은 대부분 고통스러운 나날을 보내다가 아주 빠른 시일 안에 기존의 자영업자들처럼 될 것이다. 그러니 절대 그들의 방식으로 창업해서는 안 된다.

사는 게 사는 게 아니다.
연일 역대 최저 매출을 경신하고 있다.
도대체 왜 이렇게 손님이 없는 거냐. 너희도 그러냐?
오늘도 진상이 왔다 갔다.
알바 때문에 직원 때문에 죽겠다.
정말 끝도 없고 답도 없다.
매출은 많은데 남는 게 없다. 세금을 너무 많이 낸다.
오픈한 지 3개월 됐는데 벌써 새로 생긴 경쟁 업소만 네 개다.
결국 권리금 한 푼도 못 받고 폐업했다.

그들은 잘 모르는 초보라서, 할 줄 아는 게 없어서, 그렇지만 뭐라도 해야 했기 때문에 프랜차이즈로 시작했거나 목이 좋은 곳에서 권리금 몇천만 원씩 주고 시작했다는 공통점이 있다. 뻔히 보이는 그 길을 계속해서 가는 것은 갇혀 있기 때문이다. 창업의 고정 관념 속에.

창업에 있어서 가장 중요한 것은 자본이다.
창업의 성패를 좌우하는 것은 마케팅이다.
고객은 왕이다.
좋아하는 일로는 돈을 벌어서 성공할 수 없다.

　막연한 희망으로 대부분이 가서 망했던 그 길을 가려는 사람이 있다면, 처음이라 잘 모르는 초보라서 프랜차이즈 창업을 알아보고 있는 사람이 있다면, 꼭 다시 생각해보라고 권해주고 싶다.

　절대 그 길은 아니라고. 반드시 실패하게 될 거라고!

　그러니 모두가 간 그 고통의 길은 가지 않겠다는 다짐을 하고 시작하자. 그것이 모두가 고통받고 있는 창업을 준비하는 올바른 자세다.

결핍을 대하는
올바른 자세

현대를 살아가는 모두는 갈증을 느낀다. 결핍이다. 모든 게 만족스럽지 않고 늘 무언가를 채우기 위해 갈구한다. 물질이든 정신이든 육체든 부족한 뭔가를 계속 채우기 위해 많은 시간과 비용을 지불한다. 더 좋은 집, 더 좋은 차, 더 좋은 생활용품 등을 소유하기 위해 놓치거나 잃고 있는 더 소중한 것들을 생각해야 한다.

우리가 살아가는 진짜 이유가 뭘까?

우리는 모두 부족한 사람으로 태어났다. 그래서 모두가 그 부족한 무언가를 채우기 위해 끊임없이 배우고, 미친 듯이 경쟁하고, 더 많은 것을 가지려 한다. 지금의 삶이 과연 누구를 위한 것일까?

그 모든 것을 소유하는 것이 그동안 노력했던 시간과 비용에 비해 오랫동안 만족할 수 있는 것들이 아니라는 것은 대부분 경험했고, 읽고 들은 지식으로도 접한 적이 있다. 끝없는 소유욕에 매몰되는 것은 갈증이 난다고 바닷물을 퍼마시는 것과 같다. 그것은 절대 해소되지 않는 갈증일 뿐이다. 모두가 해오고 있는 그 수많은 결핍을 채우려는 노력은 채울 수 없는 독에 계속해서 물을 붓는 것과 같다. 끝없이 지치게 하는 무의미한 행동일 뿐이다. 그리고 경쟁의 끝에서 우위를 점하는 일도 거의 없다. 평범한 우리에게는 요원한 일일 뿐이다.

그런데 계속해서 우리는 끝도 없는 그 길을 가고 있다. 마치 온 세상의 지식을 다 습득하고 세상 모두를 이길 것처럼 말이다. 그럴 수는 없다. 그런 노력을 해서도 안 된다. 우리의 삶은 유한하기 때문이다.

삶은 한 번뿐이다. 누구도 영원히 살지 않기 때문이다. 그래서 결핍은 채워야 하는 빈자리가 아니다. 채울 수 있는 것이 아니다. 그것은 없음으로 해서 더 큰 결과물을 가져다주는 축복이다. 궤변 같지만 인류의 역사는 그 결핍을 적극적으로 선택함으로써 성장해 왔다. 모두가 그 모든 것들을 버림으로써 항상 상상했던 그 이상을 이뤄내고 있다. 거대한 공룡 기업들도 자신이 어렵게 구축한 기득권을 버리면서까지 시대의 변화에 맞게 변신을 도모하고 있다.

세상은 급변하고 있고 여러 가지 이유로 인간의 기대 수명은 점점 길어지고 있다. 경제 활동을 어쩔 수 없이 지속해야 하는 미래가 너무 뻔히 보인다. 그런데 그동안 안정적으로 경제 활동을 해왔던 좋은 일자리는 점점 줄어들고 있고, 무인화의 확산으로 사람이 할 일은 더 많이 줄었다. 거대한 실업의 그림자가 지금 우리 모두를 향해 덮쳐오고 있다. 먼 미래의 일이 아니라 지금 우리 삶에 파고들고 있다. 도저히 기계화가 불가능한 허드렛일을 제외하면 사람이 할 수 있는 일이 이제 별로 없다.

무릇 창업 전성시대가 왔다. 창업하지 않으면 더 이상 경제 활동을 할 수 없는 시대다. 무언가를 팔아야 하는 세상이 왔다. 이제 창업은 모두의 창업이 된 것이다. 우리의 출발점은 거기다. 창업을 하지 않으면 안 되는 강제 창업시대, 바로 창업 전성시대다.

어쩔 수 없이 창업해야 하는 사람들이 넘쳐나고 있다. 자영업 시장이 포화 상태라고, OECD 국가 중에 자영업자의 비율이 최상위권이라고, 3년 내 폐업률이 90%에 달한다고 조장인지 조성인지 모를 정도로 떠드는 통계가 창업을 준비하는 그들을 멈칫거리게는 할지언정 멈추게 하지는 못한다. 그래서 창업을 준비하는 많은 사람이 이미 조성된 공포를 극복하기 위해서, 실패하지 않기 위해서 뭔가를 제대로 갖추고 시작하고 싶어 한다.

갖추려는 것은 바로 돈과 아이템이다. 그러나 앞서 말한 것처럼 무엇을 하든 부족한 모든 것을 갖추는 것은 불가능하다. 특히나 여기저기서 끌어모은 전 재산이 몇억 원이 채 되지도 않는 영세한 자영업자는 절대 해서는 안 되는 창업 방식이다. 실패로 끝나는 순간 빚더미에 앉게 되고 할 수 있는 모든 것을 할 수 없게 만드는 가장 치명적인 감옥이 된다. 그런데 모두 그렇게 준비한다. 부족한 것을 모두 준비해서 하는 창업, 즉 결핍을 채우는 방식의 창업이 지금의 자영업 시장의 현실을 만든 가장 큰 원인이다. 그렇게 시작해서는 안 된다는 것을 알려주는 사람도, 그 사실을 아는 사람도 별로 없다. 어딜 가나 치열한 경쟁뿐이다.

모두 목숨을 걸고 있다. 생물학적 목숨은 아니더라도 사회 경제적 사망 상태에 이르고 보면 목숨을 건 것과 전혀 다르지 않다. 살아도 사는 게 아니고 결국 극단적인 상황에 몰리게 된다. 보이지 않는 손이 모두를 이 목숨을 건 무한 경쟁으로 내몰고 경쟁을 부추기고 있다. 그 경쟁의 끝에서 이익을 보는 사람은 누굴까?

창업을 준비하는 모두가 더 좋은 상권을 바라보고, 더 좋고 안정적인 프랜차이즈를 기웃거리며 돈을 만지작거린다. 자신은 실력도 경험도 부족하다고 생각한다. 그 부족함을 상권과 유동 인구로 채우려 하다 보니 돈이 든다. 프랜차이즈에 갖다 바치고 나면 이제 망할 일만 남았다. 경험과 경력이 오래된 개인 창업자도 크게 다르지 않다. 그것은 백종원의 '골목식당'을 보면 알 수 있다. 가히 자영업의 축소판이라 할 만하다. 결핍을 채우려고 하는 모든 노력의 결과는 결국 실패다.

그런데 우리는 실패해서는 안 된다. 지켜야 할 소중한 것들이 너무 많기 때문이다. 그 소중한 것들을 다 지키기 위해서는 어떻게 창업해야 할까?

결핍을 채우려 해서는 안 된다. 결핍을 적극적으로 선택하는 방식의 창업을 해야 한다. 꼭 갖춰야 할 것 같은 모든 것들을 버리고 시작하는 창업을 해야 한다. 가볍게 시작해야 한다.

결핍을 적극적으로 선택하는 창업 방식은 어떤 것들이 있을까?

하고 싶은 사업이 있다. 그 사업을 하는데 꼭 그것만은 있어야 하거나 가장 중요하다고 생각하는 것이 있다면 그것을 버리는 것이 결핍을 적극적으로 선택하는 것이다. 말이 되나?

적극적으로 버린 자들이 최고가 되었다. 칭기즈칸도, 이케아도, 코스트코도, 아마존도, 구글도, 페이스북도. 더 다양하게 알려진 수많은 유명한 기업이나 식당이나 인물들은 자신들이 원하는 바 목적을 이루기 위해 가장 중요하다고 생각한 것들을 버림으로써 최고가 될 수 있었다.

가장 먼저 돈을 버리자. 창업 자금은 필요 없다. 돈으로 시작하면 끝이 없다. 무엇을 하든지 돈 없이 시작해야 한다. 그래야만 실패해도 빚더미에 올라앉지 않는다. 창업이 두려운 이유는 평생에 몇 번 경험해 본 적도 없는 큰돈을 움직이는 일이기 때문이다. 혹여 잘못되면 모든 걸 잃을지도 모른다는 두려운 생각이 들고, 실제로 대부분 실패하고 실패할 경우 후유증이 크기 때문이다. 자신을 포함한 주변 모두에게 치명적이다. 그런데 대부분 실패한다는 것 정도는 알고 있다. 그래서 창업은 모두에게 두렵기 마련이다.

　그런데 돈 없이 시작하면 잃을 염려가 없으니 두려워할 필요가 없다. 실패를 확인하는 시간과 그에 따르는 부대 비용 정도의 손실은 어쩔 수 없다. 그 정도는 감수하자.

　과연 돈 없이 창업하는 것이 가능할까? 무슨 일이든?

　가능하다. 무슨 일이든. 그게 말이 돼?

　만약 당신이 처음이라 잘 모르는 초보 창업자라면 돈 없이 창업하는 것은 더더욱 쉽다. 가장 흔한 음식점? 카페? 미용실? 학원? 각종 서비스업? 제조업? 뭐든 가능하다.

　돈 없이 하고 싶은 모든 것을 할 수 있는 창업 방식은 뒤에서 구체적으로 살펴보기로 하고 우선은 결핍에 대한 개념을 확실히 익히고 가자.

　결핍은 끊임없이 채워야 할 무엇이 아니라 적극적으로 선택해야 할 축복이다. 가장 중요하다고 생각하는 것을 버리는 것으로 시작하는 창업이 최고의 창업이다. 돈을 버리고, 고객을 버리고, 맛을 버리고, 점포를 버리고, 강의실을 버리고, 강사를 버리고, 버릴 수 있는 모든 것을 버리면 사업이 가벼워진다. 특별해진다. 감히 따라 하기도 힘든 창업이 된다. 또 따라 한들 어떠랴? 그와는 전혀 다른 정체성을 가진 사업이기 때문에 경쟁하지 않는다. 뜬구름 잡는 소리 같겠지만 천천히 읽으면서 생각해보자.

절망에
관하여

우리는 살면서 누구나 크고 작은 절망이나 좌절을 경험한다. 그 크고 작음이나 좁고 넓음의 차이는 개별적으로 천양지차라 하겠다. 누구나 자신이 처한 상황이나 지나온 경험이 최악이라고 생각하기도 한다. 그러나 스스로 힘든 삶을 살았거나 다른 사람들보다 훨씬 굴곡진 삶을 살았다고 생각하지만 많은 사람을 만날수록 전혀 그렇지 않다는 것을 알게 된다. 감히 상상도 못 할 고통스러운 삶을 살던 사람들이 의외로 정말 많다. 나는 그런 사람들을 만날 때마다 한때 불행한 삶을 살았다고 생각한 나 자신이 참 한심하게 느껴졌다. 난 불행한 삶을 산 적이 단 한 순간도 없었다는 생각을 했다.

"인생이 재미없다면 그것은 비극이다."

"과학은 이성의 제자일 뿐만 아니라

낭만과 열정의 제자이기도 하다."

"신체적 장애가 있더라도 정신적 장애가 있어서는 안 된다."

"아무리 어려운 인생이라도 당신이 할 수 있고,

성공할 수 있는 것은 언제나 존재한다."

"만약 여러분이 항상 화를 내고 불평만 한다면,

사람들은 여러분에게 시간을 주지 않을 것이다."

"오래 살지 못할 것이라는 생각이 나를 더 열심히 살고

더 많은 일을 하도록 만들었다."

"죽음이 두렵지는 않지만 빨리 죽고 싶지도 않다.

왜냐면 나는 해보고 싶은 게 너무 많기 때문이다."

누가 한 말일까?

만약 당신이 한참 대학교를 다니는 21살에 2년의 시한부 인생을 선고받으면 어떻게 하겠는가? 하던 공부를 더 열심히 할 수 있었을까? 사랑하던 사람과 결혼할 수 있었을까? 아이를 낳아서 기를 생각을 할 수 있을까? 그것도 세 명씩이나! 다른 사람을 걱정할 수 있을까? 언제나 유머를 잃지 않고 다른 사람을 웃길 수 있었을까? 다른 사람을 넘어 인류의 미래를 걱정할 수 있을까? 당장 내 몸도 성치 않은데?

짐작하겠지만 그는 스티븐 호킹 박사다. 호킹 박사는 최악의

신체장애와 사람들의 편견이라는 차별을 즐기며 그 누구보다 멀리까지 날아갔다.

영화 《사랑에 대한 모든 것》(2014.12. 제임스 마쉬)은 스티븐 호킹 박사를 기리는 영화다. 그는 2년이라는 시한부 선고를 받았지만 55년을 더 살면서 블랙홀을 장난감처럼 갖고 놀다가 온 인류의 미래를 걱정하며 2018년 3월 14일 76세의 나이로 영면했다. 놀랍지 않은가?

그의 절망적인 삶을 보면서 지금까지 당신이 겪어 왔거나 겪고 있거나 앞으로 겪게 될 아주 치명적인 고통이 그의 절망보다 결코 클 것이라고는 생각하지 않는다. 적어도 앞으로의 남은 삶을 걱정하며 창업을 고민할 수 있고 공부할 시간과 경제적인 여력이 있는 지금, 당신의 절망의 크기는 그의 절망에 비하면 바람에 날릴 정도로 가벼운 것은 아닐까?

우리 대부분의 가장 큰 절망은 경제적인 궁핍, 즉 가난이다. 뭘 하려 해도 항상 돈이 부족하다. 가난은 자본주의 사회를 살아가는 구성원으로서 당연히 느끼는 감정임을 넘어 절망에 가까운 고통일 수 있다. 그런데 창업을 준비하는 예비 창업자의 입장에서 모든 성공 가능성의 근거를 충분히 준비된 자본이라고 생각하기 시작하면 아주 이른 시일 내에 도래할 일은 너무나 뻔하다. 그 일은 바로 늘 경계하는 말투로 들어왔고 앞으로도 듣게 될 창업의 어려움이며, 90% 이상의 확률로 실패할 가능성이다.

자신의 성장 과정을 무시하고 돈으로 대신한 사람들의 결과는 계속 반복적으로 얘기하고 있다. 결핍, 그러니까 창업에 필요한 자금의 부족분을 채우기 위해 계속해서 노력한다고 해도 목표 금액을 채우기도 어렵거니와 모든 노력을 다해 최대한 많이 채운다 한들 시작도 해보기 전에 곧 부족함을 느끼게 된다. 그건 굳이 겪어보지 않아도 너무나 분명한 일이다. 왜냐하면 지금 모두가 우려하는 자영업 시장의 현실이 그렇게 시작됐기 때문이다. 아무것도 모르는 초보 창업자의 유일한 선택이, 스스로 준비할 수 있는 결핍의 해소를 통해 모든 것이 쉽게(결코 쉽지 않지만 그걸 모른다. 모르는 건지 모른 척하고 싶은 건지 그것도 모르겠다.) 자신의 것이 될 것으로 생각하는 근거 없는 믿음 때문이다. 돈을 주고 계약만 하면 프랜차이즈 매장이 자신의 것이 된다고 생각하지만 결코 그렇게 되지 않는다는 것을 모른다.

그러면 어떻게 해야 할까? 그 끝없는 부족함을 해결할 방법이 있을까? 답은 너무 쉽다. 돈이 없다고 절망할 필요가 없다. 오히려 돈이 없으면 다행이라고 생각해야 한다. 앞서 얘기한 결핍을 대하는 올바른 자세다. 돈 없이 창업하면 절망할 일이 없기 때문이다.

역설적으로 돈으로 시작한 창업은 절망할 일만이 남는다. 적어도 처음이라 잘 모르는 초보 창업자는 그렇다. 그리고 창업에 익숙한 사람이라 하더라도 굳이 돈으로 창업할 이유가 없다. 굳이 위험 부담을 안고 시작할 이유가 없다. 그러니 돈 없이 절망 없는 창업을 시작하자. 학벌이 다른 사람들에 비해 약하다고, 언변이 부족하다고, 키가 작다고, 뚱뚱하다고, 못생겼다고 절망할 필요 없다. 그 모든 것이 창업을 하는 데 어떤 장애물도 되지 않는다. 장애물은커녕 가장 완벽한 무기가 된다는 것을 알려주겠다. 모든 콤플렉스를 무기로 창업을 시작하자.

　돈도 배경도 학벌도 외모도 형편없는 당신이 창업해야 하는 이유를 알려주겠다. 그 전에 창업하기 위해 돈을 많이 준비했다면 창업을 하면 안 되는 이유부터 알려주겠다.

창업하면 안 되는 이유

창업은 반드시 해야 할 일생일대의 기회다. 그래서 반드시 성공하길 바란다. 그런데 당신은 모든 걸 걸고 위험천만한 모험과 도박을 하려고 한다. 그래선 안 된다. 돈으로 창업한다면 돈 말고는 아무것도 준비되지 않은 당신은 모든 것을 잃고 망하게 될 것이다. 이건 악담이 아니다.

돈으로 창업하는 당신이 창업하면 안 되는 첫 번째 이유는 당신은 평범하기 때문이다. 특별히 잘하는 것도 없는 당신이 경쟁하는 방식의 창업을 하려고 하기 때문이다. 굳이 당신이 아니어도 누구든지 할 수 있는 일을 선택하기 때문이다. 떡볶이를 팔든 돈가스를 팔든 옷을 팔든 초밥을 팔든 학원을 차리든 당신만의 특별함을 갖추지 않았기 때문이다. 상권 분석을 하고 업종 선택을 하는 모든 과정이 경쟁자들과 비슷하기 때문이다.

프랜차이즈 본사가 내세우는 '차별화 전략'은 대동소이하다. 전혀 차별화되지 않는다. 설령 차별화되었다 하더라도 복제된 경쟁 상대가 금방 생겨난다. 그렇게 대부분의 창업 방식은 누가 시킨 것처럼 비슷하다. 그리고 어디서 무엇을 어떻게 팔든 경쟁자만 나타나면 곧 무너진다. 경쟁하느라. 그 경쟁의 끝은 결국 단가다. 최악의 경우가 '박리다매'다. 다매만 있고 박리조차 없다. 오직 적자다. 평범한 당신은 나처럼 여태껏 해왔던 모든 경쟁에서 한 번도 이겨본 적이 없을 것이기 때문에, 자신만의 특별함을 갖추지 않았기 때문에 어떤 종류의 사업에서도 살아남을 수 없다.

그리고 당신이 하려는 그 모든 일은 더 잘하는 사람이 이미 장악하고 있다. 모든 분야에서 계급 격차는 이미 견고하다. 당신은 그들을 이길 수 없고, 그들의 대체 가능한 부속품이 되기를 자처하기도 한다. 심지어 많은 돈까지 준비해서. 공정과 공평은 애초에 생각조차 하지 마라.

이 모든 과정은 당신이 평범하기 때문에 생기는 일들이다. 다르지 않기 때문이다. 그래서 평범한 당신은 경쟁하는 방식으로 창업하면 안 된다. 망할 것이기 때문이다.

두 번째 이유는 당신의 돈은 유한하기 때문이다. 당신이 한 번도 감당해 본 적 없고, 감당할 수 없을 만큼 큰돈을 준비해서 시작하기 때문이다. 더 이상은 여유 자금이 없기 때문이다.

절대 대출받고 시작하면 안 된다. 그래 봐야 벌기도 전에 쓰는 것부터 하다 보면 금방 사라질 돈이다. 돈이 많으면 준비를 제대로 하고 싶기 때문에, 그래야 성공할 수 있다고 생각하기 때문에 상권이 좋은 곳에 상권 분석을 하고 좋은 점포를 얻는다. 보증금과 월세도 엄청나다. 권리금이 곧 매출이라는 터무니없는 사탕발림에 속아 권리금도 많이 준다. 품격 높은 매장으로 인정받기 위해 인테리어도 멋지게 한다. 각종 설비 및 냉난방도 최고로 한다. 물론 세금 문제는 전혀 모르니 세무 대리인에게 맡긴다. 위 상황들을 준비된 자금에 맞춰서 최대한 갖추고 시작한다.

대부분 처음이라 잘 모르니 안정적이라는 평가를 받는 프랜차이즈를 찾아서 시작한다. 그러면 그 좋은 상권의 비싼 점포에서 작게 시작하고 싶은 생각은 추호도 없다. 투자 금액 회수하려면 적어도 일 매출이 얼마쯤 올라와야 하니까 테이블은 최소한 몇 개는 돼야지, 그 정도 운영하려니 직원은 몇 명, 알바는 몇 명….

이 정도 시작하려면 최소 5억은 들어야 하는 거 아닌가?

돈이 많을수록 더 크게 시작한다. 딸딸 끌어모아 보니 10억인데, 2천만 원짜리 테이크아웃이나 배달 전문점 차리진 않는다.

끌어모은 돈 다 제자리에 돌려놓고 5백만 원으로 시작할 수 있어야 한다. 한 푼도 없이 시작할 수 있어야 한다. 그런데 그러지 않는다. 그리고 다 잃고 나면 한다는 소리가 비싼 수업료 냈다고 생각한단다. 미친.

대부분 돈으로 창업하고, 쓰는 것부터 시작해서는 1년 안에 망한다. 1억 넣고 자신이 고용한 알바보다 못 가져갈 거면 그냥 알바하는 게 맞다. 그렇게 시작한다는 건 망하기로 작정하고 시작한 것과 다르지 않다. 결국 돈이 당신을 망하게 하는 가장 큰 원인이다. 억지 같지만 돈이 많을수록 실패 가능성이 높은 이유다.

반대로 있어도 없다고 생각하면 성공 가능성이 높아진다. 왜냐하면 돈 없이 해결할 수 있는 방법을 찾으려 하기 때문이다. 그런 전략을 수립해야 한다. 돈 없이 즐겁게 사업할 수 있는 방향이어야 한다. 그런데 돈이 많으면 그런 생각 자체를 하지 않는다. 모든 문제를 돈으로 해결하려 하기 때문이다. 그래서 돈은 창업 성공의 디딤돌이 아니라 가장 큰 걸림돌이다.

세 번째 이유는 당신은 무책임하기 때문이다.

건강과 돈과 가족을 생각한다면 경쟁하는 창업을 해서는 안 된다. 그런데 돈으로 경쟁하는 방식으로 창업하니까, 그래서 모든 걸 잃을 테니까 무책임한 거다.

애초에 시작은 가족과 행복한 삶을 살겠다는 생각이었다. 그렇지 않나? 전혀 그것을 의심하지 않는다. 당신 혼자 잘 먹고 잘 살려고 창업하는 거 절대 아니라는 거 하늘이 알고 땅이 안다. 나도 그랬다. 그런데 당신의 선택은 너무 무모하다. 잘 될 거라는 근거 없는 희망만 거대하다. 처음이라, 초보라, 잘 모르는 주제에 많은 돈을 넣고 시작하면 성공할 거라고 맹목적으로 믿는다. 그들은 그렇게 해주겠다면서 돈만 가져오라고 말하거든. 그들의 말을 철석같이 믿는다. 그게 당신이 무책임한 이유다.

잠깐만 생각해보면 쉽게 알 수 있다. 누구나 할 수 있는 일을 하는 사람은 어딜 가서도 대접받지 못한다. 그건 직장도 마찬가지 아닌가? 같은 일을 할거라면 더 젊고, 더 빠르고, 더 적은 돈으로 쓸 수 있는 사람을 고용하고, 나이 든 당신은 해고하는 게 영리를 목적으로 하는 기업이 당연히 해야 하는 일이다. 프랜차이즈는 돈만 가져오면 당신 아닌 누구라도 할 수 있는 일이다. 무늬나 이름만 다를 뿐 상품의 내용은 대동소이하다.

수많은 카페, 술집, 닭집, 고깃집, 골프, 야구 등등의 프랜차이즈는 다 거기서 거기다. 일대에 수만 세대가 살아도, 수만 명의 직장인이 다녀도, 수천 개의 학교와 병원이 있어도 남들 다 파는 거 더 싸게 더 많이 주는 방식으로 하는 창업은 무조건 망한다. 심지어 스크린 골프는 시스템은 계속 발전하는데 5년 전보다 싸졌다. 계속 업그레이드하는 비용만 몇천만 원씩 들어가는 창업자 입장에서는 말이 안 되는 가격이다. 그냥 곡소리가 절로 난다. 사는 게 지옥이다.

그렇게 모든 걸 다 잃는다. 그것은 건강과 돈과 가족이다. 한번 잃기는 쉬운데 되찾기는? 거의 불가능에 가깝다. 아주 오랜 시간이 걸린다. 그럼에도 불구하고 그렇게 시작할 생각을 하고 있다면 당신은 무책임한 것이다. 그러지 않길 간곡히 바랄 뿐이다.

네 번째 이유는 당신은 자신을 보지 않기 때문이다. 모르기 때문이다. 자신이 좋아하는 일을 하려고 하지 않고, 좀 더 쉽게 혹은 좀 더 많이 벌 수 있는 일을 찾거나 안정적인 일을 찾기 때문이다.

모든 일에서 자신이 중심이 아니기 때문에 주변 사람들의 진심 어린 조언에 쉽게 흔들린다. 중심이 없기 때문에 작은 역풍에도 뒤집어지거나 돛대가 부러져 다시는 회복하지 못할 수도 있다. 그래서 자신을 먼저 봐야 한다. 하고 싶은 일을 해야 한다. 자신이 즐겁지 않은 일은 오래 할 수 없다. 실력이 어느 순간부터 늘지 않기 때문이기도 하다.

누구나 일정 시간 반복하다 보면 능숙해지고 빨라진다. 그런데 그 일이 즐거워야 더 빨리 능숙해진다. 더 잘하고 싶어서 계속 고민하기 때문이다. 어떻게 하면 더 잘할 수 있을까? 자다가도 좋은 방법이 떠오르면 시험해 본다. 그러면 더 잘하게 되고 더 빨라지고 더 적게 일할 수 있다. 하지만 즐겁지 않으면 그런 노력을 하기 어렵고 한계가 빨리 온다. 그러면 오래지 않아 지친다. 지치면 당신이 먼저 알고, 상품에 나타나고, 고객이 알게 된다. 그러면 망한다. 당신이 힘들면 망하는 이유다. 당신이 즐겁지 않으면 어떤 일이든 지속하기 힘들다.

혹자는 말한다. 돈만 많이 벌면 괜찮을 거라고. 하지만 오랫동안 일만 열심히 해서 돈만 많이 번 사람들은 반드시 후회한다. 그건 어딜 가든 들을 수 있는 얘기다. 지쳤기 때문에 망하는 건 당연한 순서이다. 망하지 않더라도 가족이나 건강을 잃은 후다. 가족이나 건강은 잃은 후에 후회해도 아무 소용없다. 그래서 자신이 좋아하지 않는 일로 창업하면 망한다. 그러니 자신이 뭘 좋아하는 지부터 찾는 것이 먼저다.

일생일대의 기회인 창업을 성공으로 이끌려면 평범한 당신은 경쟁하는 모든 일에서 이길 수 없기 때문에 경쟁하지 않는 방식을 택해야 한다. 돈은 없을수록 유리하다는 사실을 깨닫고, 있어도 없다고 생각하는 창업 방식을 찾아야 한다. 건강과 돈과 가족에 대한 책임감을 갖고 더 적게 일하면서 더 많이 벌 수 있는 전략을 세워야 한다. 자신을 먼저 돌아보고 가슴 뛰는 일이 어떤 것인지 시간을 두고 생각해야 한다. 그 얘길 반복해서 하는 것이다.

그럼 돈 없고 평범한 당신이 창업해야 하는 이유를 한 번 살펴보자.

돈 없는 당신이
창업해야 하는 이유

돈도 없고 내세울 것이 없다면 창업하라. 내세울 것이 많을 때보다 성공 가능성이 열 배(?)는 높다. 아니 그 이상이다. 궤변 같지만 사실이다.

창업의 성공과 자본은 반비례한다. 정말 한 푼도 없다면 점포 창업은 못 하겠다. 그렇다면 성공 가능성은 또 백 배 정도 높아진다.

"무슨 뚱딴지같은 소리냐?", "궤변이다!"라고 말할 것이다.

할 수 있다. 고정 비용이 전혀 없는 창업이 성공하기 제일 좋다. 그 와중에 돈은 조금 더 빨리 목적지에 도달할 수 있는 도구로 활용할 수는 있다. 아주 잘 활용할 경우에 말이다. 그런데 잘 활용하는 경우는 거의 없다. 난 그 최고의 활용이 초보 창업자가 자신의 특별함을 갖추기까지 성장할 몇 개월에 불과한 기간의 생활비로 쓰는 거라고 말한다.

많은 돈이 성공을 담보해 주지 않는다. 오히려 없는 것이 성공을 담보해 준다. 궤변 같지만 사실이다. 그래서 결핍은 축복이다. 있어도 없다고 생각하면 결핍을 즐길 수 있다.

놀랍게도 모든 창업은 돈이 많으면 많을수록 성공의 가능성은 희박해진다. 아주 작은 욕심이 화를 부르기 때문이다. 앞서 돈 많은 당신이 창업하면 안 되는 이유에서 설명한 것처럼 말이다.

10억이 넘는 돈이 있다면 굳이 장사할 필요가 있을까?

1억으로는 장사하면 안 될까?

그 돈 생활비로 쓰고 천만 원으로 장사하면 성공할 가능성, 매우 높다. 그나마 천만 원 미만의 적은(?) 돈으로 하면 성공할 가능성이 높긴 하지만 어느 정도 매출이 나올 때까지 시간이 걸리는 것은 어쩔 수 없다. 돈 없이 창업하려면 또 그 정도 각오는 해야 한다. 구체적인 전략은 뒤에서 살펴보자.

그 매출이 부진한 기간의 힘듦(심적 부담감)을 즐길 자세가 필요하다. 즐기지 않을 이유가 없다. 아이가 태어나 뛰기까지의 성장하는 과정일 뿐이니까! 그렇다 해도 큰돈으로 시작해서 모든 것을 잃고 쫄딱 망하는 것보다 훨씬 덜 힘들다. 그 생지옥은 겪어 보지 않은 사람은 상상조차 하기 어렵다. 죽고 싶다는 생각을 하루에도 열두 번을 더 하게 된다. 그게 돈으로 창업한 대부분의 자영업자가 직면한 현실이다. 그러지 말자. 그런 바보 같은 상황은 애초에 만들지 말자.

어쨌거나 지금의 현실은 창업은 언젠가는 해야 한다는 것이다. 하지 않기가 더 힘들 수 있다. 창업 전성시대니까! 그래 이왕 해야 한다면 하루라도 더 빨리하는 게 좋다. 선점할 기회들은 더 많으니까. 창업 전성시대를 누리자.

아니 조급해하지 말라더니 뭘 또 빨리하래? 너무 막 쉽게 말하는 거 아냐?

빨리하라는 건 창업을 준비하라는 거다. 빨리 아이템 정하고 점포 계약하라는 거 아니다. 뭘 팔면 좋을지, 어떻게 시작하면 좋을지 고민해야 한다는 거다. 지금부터.

직장을 다니고 있다면 다니면서 고민하면 된다. 다니면서 시작하면 된다. "에이 더러워서 못해 먹겠네. 창업 준비나 해야지." 하고 때려치우면 안 된다. 그냥 막연히 고민만 하는 거 말고 전략을 짜야 한다.

좋은 일자리가 없다. 있어도 경쟁이 치열하다. 좋은 일자리의 기준에 대한 얘기는 다음에 하자. 이제 대부분의 일자리는 나 아니어도 그 일을 할 사람이 얼마든지 있기 때문이다. 취업 시장도 창업 시장과 전혀 다르지 않다. 경쟁하는 모든 시장은 마찬가지다. 피곤하다. 심지어 더 젊고, 빠르고, 젠장 잘하기까지 하는 사람… 더 적게 받는다. 그러니 더 늙고, 더 느리고, 잘 못하지만 돈은 더 많이 받는 사람의 실직은 당연하다.

고용은 이미 유연화되었다. 기업의 입장에서는 해고가 더 쉬워졌다. 노조원들의 집단행동을 폄훼하려는 의도는 전혀 없지만, 나가라는데 굳이 매달려서 10년씩 투쟁을 해야 하는 이유가 뭘까 고민해 본다. 천민자본주의가 만들어낸, 오직 돈이 전부인 그 빌어먹을 기업에 다시 꼭 들어가서 정년으로 퇴직할 때까지 다녀야 할까? 다닐 수는 있을까? 왜 자신의 일을 찾아볼 생각을 하지 않는 걸까? 쌍용자동차와 콜텍과 한국도로공사와 기타 등등의 빌어먹을 실적과 효율성만 강조하는 그들의 수익 창출 논리에 굳이 대거리할 이유가 없다. 그렇게 싸울 일이 아니다.

정치에 관심을 갖고 자신을 위한 법안을 만들게 하는 것이 가장 좋은 방법임에도 당장 먹고 살기 바쁘다는 이유로 정치에 무관심하고 정치를 혐오하며 자신의 숨통을 조여오는 놈들이 정치를 장악하게 만들어 놓고 더러워서 못 살겠다고 한다. 얘기가 완전히 다른 데로 간 것 같지만 지금 창업 전성시대를 살아가는 우리 모두가 분명히 알아야 할 중대한 문제다. 이미 2천 년 전의 철학자가 말했던 내용이 이 시대에 그대로 적용되고 있다는 것을 알아야 한다. 정치에 무관심한 가장 큰 벌은 가장 저급한 인간들에게 지배를 받는 것이라고 했다. 인간 같지도 않은 것들(양복 입은 원숭이)이 나라를 마음대로 휘젓고 있는 꼴을 목도하고 있는 것은 정치에 무관심한 우리 모두의 책임이라는 것을 알아야 한다.

좀 더 여유로워지려면 경쟁에서 벗어나야 한다. 그러려면 잠시 멈추고 자신이 할 수 있는 일이 무엇인지 돌아봐야 한다.

돌아갈 길 없는 창업을 해야 한다면 꼭 성공해야 한다. 그러기 위해 당신은 돈이 없어야 한다. 얘기가 길어졌다.

처음이라 잘 모르는 초보 창업자인 당신이 돈이 없어야만 성공할 수 있는 첫 번째 이유는 비싼 점포를 얻을 수 없기 때문이다. 상권 분석 따위는 엄두도 못 낸다. 그럴 돈도 없고, 그런 자리 들어갈 돈은 더 없다. 그럼 당신의 선택지는 하나다. 어디 개미 새끼 한 마리도 지나다니지 않을 것 같은 구석에 점포를 차릴 돈밖에 없기 때문이다. 그 돈마저도 없다면 한 푼도 없이 시작하는 창업도 좋다.

보증금은 가장 싸게 혹은 분할해서, 임대료도 최대한 싸게, 시설 권리금 따위는 없다. 어차피 당신 아니면 들어갈 사람도 없는 자리라 오랫동안 비어 있었던 곳으로 찾으면 된다. 그게 진짜 상권 분석이다. 가장 싸고 구석진 곳으로. 넓은 공터가 있으면 고맙다. 인테리어? 그런 거 맡길 돈 없다. 그냥 깨끗이 청소하고 페인트 몇 통 사다가 칠하자.

설비? 고민해야 한다. 내가 하려는 게 뭔가? 꼭 해야만 하는 게 뭔가? 그걸 더 잘하기 위해 하지 말아야 할 게 뭔가? 그걸 더 잘하기 위해 꼭 있어야 할 건 뭔가?

없으면 안 될 꼭 필요한 거 말고는 일단 못 산다. 돈이 없기 때문이다. 심지어 냉동고도 냉장고도 없이 시작해도 된다. 결핍을 적극적으로 선택하는 전략이다. 이 부분은 따로 볼 기회가 있을 것이다. 그 자체로도 마케팅이 된다. 엥? 냉장고도 없다고? 그만큼 신선한 재료만 쓴다는 걸 알리는 거다. 메뉴도 버리자. 많이 사서 쟁여 둘 돈도 당연히 없다. 그래서 더 좋다. 재고 관리가 편해진다. 재료 구입 단가가 싸지고 유지 관리 비용을 절감하기 때문에 같은 값에 팔아도 그전보다 비싸게 팔고 있다는 것도 알게 된다.

두 번째 이유는 처음이라 뭐든 잘 못하기 때문이다. 잘 못하는데 여러 개를 준비할 수 있을까? 천 년 만 년 산다면, 그럴 시간적 여유가 충분히 있다면, 메뉴 한 백 개쯤(?) 준비해서 하나하나 열심히 연습하면 된다. 백 년쯤 걸리더라도…. 그런데 그럴 시간 있나? 빨리 실력 키워서 빨리 돈 벌어서 처자식 먹여 살려야 하지 않나? 그래서 좋아하는 것, 잘하는 것, 하고 싶은 것 중에 하나, 꼭 하나만 골라야 한다.

기준은? 가장 편한 거, 가장 회전율이 높은 거, 가장 많이 남는 거, 가장 자신 있는 거, 가장 좋아하는 거 중에 하나 고르면 된다. 그렇게 고른 게 편하고 회전율도 높으면 좋은 거고, 많이 남기까지 한다면 더 좋다. 가장 자신 있기까지 하다면 금상첨화다.

그런 거 하나 골라서 그거 하나만 미친 듯이 준비해야 한다. 열 번 백 번 해서 같은 맛이 날 때까지 연습한다. 고객을 미치게 할 수 있는 것은 뭐든 찾아라. 제주도로 옮긴 포방터의 연돈은 어딜 가서도 먹기 힘든 품격있는 맛으로 고객을 미치게 만들었기 때문에 열풍을 일으켰다.

평소에 어딜 가나 너무 똑같아서 질렸던 무언가이면 좋겠다. 그게 빵이든 국밥이든 떡볶이든 곱창이든 고기든 치킨이든 커피든 학원이든 헤어스타일이든 상관없다. 그 질렸던 무엇이 없거나 안 하는 무언가를 찾으면 좋겠다. 찾아야 한다. 그 사례는 뒤에서 살펴보자.

그러려면 당신은 그 분야의 마니아거나 하고 싶은 일을 했으면 좋겠다. 시간이 걸릴 수 있다. 넉넉잡아 6개월은 각오하자. 여기서 다시 한 번 강조하자면 가장 중요한 건 처음이라 잘 못하는 당신은 오로지 하나만 해야 한다는 거다.

연습하는 장소가 집이어도 상관없다. 사부의 가게일 수도 있고. 전국 팔도를 돌아다니면서 맛있는 가게에서 먹으면서 단골이 되고, 배우고 싶다고 사정해 보는 것도 좋겠다. 방법이야 찾기 나름이다. 모아둔 돈 좀 있다면 맛을 찾는 세계 일주를 권하고 싶다. 만약 모아둔 창업 비용이 있다면 그렇게 쓰길 바란다. 엄하게 점포와 설비에 때려 넣지 말고.

돈 없는 당신이 창업해야 하는 세 번째 이유는 홍보 따위에 돈을 쓸 수 없기 때문이다. 그럴 돈이 없어서 다행이다.

내가 아무리 맛있고 훌륭한 음식을 팔면 뭐해? 알아야 오지!
그러니까 내가 여기 있으니 오라고 알려야지!

어떤 광고가 좋을까? 파워블로거? 페이스북?
검색 광고? 버스? 전단지를 돌릴까?

그런 가짜 홍보에 대한 고민 자체를 할 수 없기 때문이다. 돈이 없으니까. 그런데 이렇게 홍보부터 할 생각하는 사람들이 모두 망한다. 가짜 홍보는 본질에 집중하기 어렵게 만드는 중요한 요인 중에 하나기 때문이다. 그럴 돈이 없어서 참 다행이다.

그러면 돈 없는 당신이 할 수 있는 일이 별로 없다. 자신의 메뉴, 그 하나의 메뉴에 집중할 수밖에 없다. 그거 하나뿐인데 그거 하나 잘하기 위해 밤낮으로 노력해야 한다. 바로 본질에 집중하는 것이다. 이렇게도 튀겨보고 저렇게도 튀겨보고, 말아보고, 삶아보고, 볶아보고, 내려보고, 갈아보고…. 단 하나의 메뉴로 단 하나의 맛을 만들어내야 한다. 어딜 가도 비슷하거나 같은 맛에 질렸던 고객이 '와우!'라고 감탄해야 한다. 그게 최고의 홍보가 된다. 이렇듯 돈 들여 홍보하지 않는 것이 진짜 홍보다. 당신이 돈이 없어서, 가짜 홍보를 할 수 없어서 참 다행이다.

돈 없는 당신이 창업해야 하는 네 번째 이유는 비싸게 팔 수 있기 때문이다.

당신은 돈이 없으니까. 많이 벌어야 하니까. 그건 아니고….

'와우'를 끌어내면 그다음은 당신 마음대로 할 수 있다. 원가와 마진을 계산할 필요가 없다. 당신의 가게가 아니면 구할 수 없는 상품이기 때문에 그렇다. 그래서 비싸게 받을 수 있다. 감동의 크기가 상품의 가격이 되기 때문이다. 순이익이 그렇게 50%가 넘는다 하더라도 누구 하나 시비 걸지 않는다. 희소가치는 그렇게 만들어진다. 할인 판매 같은 거 안 한다. 예약 판매만 할 수도 있다.

그리고 정말 중요한 건 영업시간을 획기적으로 줄일 수 있다. 하루에 4시간만, 일주일에 3일만 일하는 식당이 될 수도 있다. 한 달에 하루만 운영하는 학원이 될 수도 있다. 한정 판매의 시작이다.

돈 없는 당신이 창업해야 하는 다섯 번째는 그래서 세무 업무도 혼자 하게 되기 때문이다.

창업 초반에는 매출도 얼마 안 될 텐데, 맡길 이유도 돈도 없다. 그래서 간이 과세 사업자로 시작해야 한다. 거대한 꿈을 꾼다면 법인 사업자로 시작하는 것도 좋다. 그래서 공부하게 된다. 과세 유형? 면세? 간이 과세? 일반 과세? 부가가치세? 종합소득세? 그게 뭐지? 그러면 책을 보든지 물어보든지 강의를 듣든지 한다. 부가가치세 신고는 해보니 별거 아니라는 걸 알게 된다. 그러면 재밌다. 햐! 이게 돈이구나 싶다.

내친김에 종합소득세도? 역시 별거 아니란 걸 알게 된다. 자신감이 넘치게 된다. 매출이 좋으면 다음 해에 일반 과세 사업자로 전환되고 세금 좀 더 내게 될 테다. 그런데 이미 그쯤 되면 절세의 신이 되어 있다. 세무 대리인을 고용하더라도 알고 제대로 부릴 수 있게 된다. 애초에 세무 대리인 고용할 돈도 없었기 때문에 가능한 일이다.

그런데 돈이 많으면
그까짓 거 몇 푼이나 한다고 그래? 맡기면 되지 골치 아픈 거. 그거 신경 쓸 시간에 장사에 더 신경 써야지.

그러면 번 돈이 줄줄 샌다는 것을 모른다. 공부하고 직접 신고하고 납부해 보지 않으면 모른다. 해마다 세금 신고 기간만 되면 골치 아파하고, 세무사 사무실과 싸우거나 불평불만을 늘어놓는다. 과세 기간과 신고 기간이 달라서 어찌해볼 도리가 없다는 것을 알고 나서 후회해도 소용없다. 그래서 돈이 없어야 한다. 애초에 맡길 생각을 할 수가 없기 때문이다.

돈 없는 당신이 창업해야 하는 여섯 번째 이유는 직원을 채용할 수 없기 때문이다.

어차피 개미 새끼 한 마리 안 다닐 것 같은 곳에 차렸기 때문에 손님이 없고, 매출도 없어 직원이 할 일이 없다. 모든 것을 혼자 다 해보고 제어할 수 있을 때, 매출이 늘고 혼자 모든 것을 다 해내기 어려울 때, 그때 채용해도 늦지 않다. 하지만 작게 시작해서 능숙해지면 직원 없이 혼자서도 얼마든지 가능해지는 노하우가 생긴다. 그래서 또 굳이 채용할 이유가 없다. 돈으로 창업하면 절대 이를 수 없는 경지다. 하지만 또 경우에 따라서는 채용을 해야 할 수도 있기 때문에 노무와 임금 관련 공부도 천천히 해둬야 한다. 처음부터 돈이 있으면 크게 시작하니 직원을 채용해야 하고 그 직원들에게조차 휘둘린다. 처음이라 잘 모르는 초보 창업자들이 가장 힘들어하는 부분이기도 하다. 정말 심각한 문제다.

돈으로 시작하는 창업은 준비 단계부터 생지옥을 맛본다. 그래서 돈이 없어야 한다. 돈 없이 시작해서 바닥부터 성장하는 과정을 거쳐야만 성공할 수 있다.

대부분의 초보 창업자들이 망하는 이유는 아는 건 개뿔도 없으면서 돈 몇 푼 갖고 프랜차이즈 기웃거리면서 창업하기 때문이다. 그 몇 푼이 몇천만 원에서 몇억 원이다. 그게 몇 푼이냐고? 창업자 개인에게는 전 재산이고 목숨 같은 돈이지만 시장 안에서는 표도 안 나는 돈이다. 그리고 그 정도 자금 준비할 수 있는 예비 창업자들은 차고 넘친다. 그들과 굳이 힘들게 경쟁할 이유가 없다. 그들이 뛰어나건 부족하건 간에 그들의 능력 여부와 상관없이 그들과의 격차는 경쟁하는 방식으로는 애초에 극복이 불가능하다고 생각하면 된다. 물론 가능할 수도 있겠지만 무의미한 출혈일 뿐이다. 이건 창업뿐만 아니라 모든 분야에서 마찬가지다. 해 봐서 알겠지만.

그런데 돈이 있어도 없다고 생각하면 성공할 수 있다. 그러면 애초에 생각했던 것보다 훨씬 다양한 방식으로 다양한 일들을 시도해 볼 수 있다. 그 얘기는 뒤에서 좀 더 자세히 다뤄보자. 평범한 당신이 돈이 없어서 참 다행이다. 그래서 성공할 수밖에 없어서 참 좋다. 돈 없이 창업하는 지극히 평범한 당신의 건투를 빈다.

매일 무너지는
삶 즐기기

지금까지 알았던 모든 무용한 지식과 관습, 즉 고정 관념을 버리
는 삶이 우리를 무너지게 할 것 같지만 오히려 우리에게 살아가는
즐거움을 주는 역동적인 결과를 낳는다. 수년 혹은 수십 년 동안
우리가 옳거나 당연하다고 믿고 지켜온 모든 가치에 질문을 던져
보자.

왜? 왜 그래야 하지? 왜 그렇지? 왜?

그 답이 '당연히 그래야 하니까'라면 의심해 보자. 과연 아무
의심 없이 옳거나 당연하다고 믿고 지켜온 그 가치가 앞으로의 우
리 삶을 행복하게 하는 데 도움이 되는지 아닌지 생각해 보자. 만
약 도움이 되지 않는다면 과감히 버리자. 그게 무엇이든 버리자.
오직 중심 가치는 나의 행복이다. 더불어 가족의 행복이다. 이기

적인 나의 행복을 위해 버릴 수 있는 것들을 아무 거리낌 없이 버릴 수 있는, 무너지는 삶을 살아가자. 즐기자.

부양의 의무가 있다. 부양의 의무는 당연한 것인가? 누구를 부양해야 할까? 가족이다. 부양의 의미가 뭘까? 단지 먹고 자면 되는 것인가? 더 많이 가지고 누리는 것이 전부인가? 가족의 부양을 위해 우리 부모들, 혹은 당신은 모든 노력을 다 바쳐서 열심히 살아가고 있을 것이다.

나는 오랫동안 그런 생활을 해온 사람들과 대화를 나누다 보면 궁금해진다.

"도대체 무엇을 위해서 그렇게 열심히 가족을 부양하셨나요?"

가족의 행복을 위해서란다.

"그런데 지금 행복하시나요?"

그렇지 않단다. "왜 그런가요?" 하고 물으면 너무 열심히 일만 했단다. 도대체 누구를 위한 부양이고 행복인가? 아무도 행복하지 않다면 도대체 왜 그런 삶을 살았던 것인가? 그 소중한 가족은 지금 어디에 있나? 소중하기는 한 걸까? 가족이라고 생각하기는 할까? 차라리 없었으면 좋았을 거라는 생각을 하게 만드는 이유는 뭘까? 지쳤기 때문이다. 고정관념이라는 감옥 안에서.

20년 동안 자영업을 해온 사람들이 있다. 기존의 틀대로 자영업을 해왔다면 아침 일찍부터 밤늦게까지 미친 듯이 죽어라 열심히 일했을 가능성이 높다. 돈? 벌었을 수도 있다. 좀 적게 번 사람도 있을 테고 많이 번 사람도 있을 테다. 열심히 벌어서 자녀들 공부시키고, 뒷바라지하고, 집도 사고, 차도 사고, 멋진 가구나 옷과 장신구를 사고, 더 넓고 더 좋은 차로 바꾸고, 더 좋은 무언가를 사고 먹으면서 살아왔다. 그런데 휑하다. 가족 관계가 무너지고 빈껍데기만 남았다. 기계적인 성장 과정을 거치고 독립하고 결혼하고 난 후에는 각자의 삶을 살아간다. 가족 간의 교류는 연중 행사가 된다. 안타깝다. 이미 지난 후에 후회하는 삶은 아무런 소용이 없다. 되돌릴 수도 없다.

칼 필레머의 《내가 알고 있는 걸 당신도 알게 된다면》(2012.5. 토네이도)에서 1,000명이 넘는 나름 성공한 70세 이상의 노인들에게 가장 후회하는 일이 무엇이냐고 물었더니 압도적인 1위와 2위의 답은 가족과 좀 더 많은 시간을 함께 보냈어야 했다는 것과 좀 덜 열심히 일했어야 한다는 것이었다. 그들은 노후에 가족이 찾아오지 않아 외롭게 삶을 마감한다. 이것은 무한 경쟁의 아수라장에서 비명을 질러대고 있는 대한민국 사회에 던지는 의미심장한 짱돌이다.

나는 이제 생후 300일이 갓 지난 넷째가 있다. 아침부터 저녁까지 거의 대부분의 시간을 아내와 함께 갓난아이를 보살피며 보내고 있다. 무려 네 번째지만 셋째 이후 10년 만이라 첫째를 키우는 듯한 놀라운 경험을 하고 있다. 최소 생후 12개월까지는 그렇게 보낼 생각이다. 그러려면 내가 놓아야 할 것들이 반드시 있다.

안정적인 수익이다. 첫째는 이렇게 키우지 못했다. 회사 생활이 바빠도 너무 바빴다. 둘째와 셋째도 영유아 시기를 이렇게 전적으로 매달려 키우지는 못했다. 말 못하는 아이가 밤새 열이 나고 잠 못 자고 칭얼거리고 아플 때 안정적인 수익을 위해 어딘가로 정해진 시간에 가야 하는 어떤 행위도 하지 않을 수 있는 삶을 선택했다. 만약 이 시간을 아내 혼자 보냈더라면 혹은 아내마저 일터로 나가야 한다면 아이는 어떻게 해야 할 것인가에 대한 생각을 하면서 우리 둘 다 그런 구속 상태에 있지 않아서 참 다행이라는 생각을 했다.

우리 사회 구성원 대부분은 그렇게 살고 있지 않다. 자신의 소중한 가족의 행복을 지키기 위해 열심히 살지만, 아이가 성장하는 그 소중한 과정을 오롯이 지켜보는 것은 거의 불가능하다. 무한 경쟁이 경제 활동을 하는 개인의 노동 밖의 모든 시간을 노동의 연장선상에 놓아버렸기 때문이다. 더 잘하기 위해서 뭔가를 계속 배우거나 익혀야 하고 술자리까지 의무적이다. 그러니 주말에는 다시 일하기 위해 쉬어야 한다. 유급 휴게 시간과 같다. 그런데 또 가족은 그 쉬고 싶은 시간에 함께 뭐라도 하길 바란다. 정말 고단한 삶의 연속이다.

나는 모두와 같은 방식의 치열한 삶을 살던 시절에는 지켜야 할 가치가 있었다. 가족을 부양하기 위해 아침부터 저녁까지 열심히 일할 수 있는 직장이 필요했고, 필요하면 야근도, 철야도, 주말

출근도 마다치 않는 삶을 살았다. 더 많은 돈을 벌 수 있다면 가족에게 더 많은 것을 해줄 수 있을 거라고 굳게 믿었다. 가족의 부양을 위해 내가 할 수 있는 일을 더 열심히 해야만 했다. 그래서 첫째는 커가는 시간을 온전히 함께하지 못했다. 그럴 수 없었다. 달리 생계를 유지하기 위한 수단을 찾을 수도, 생각도 할 수 없었기 때문이다. 사고의 한계에 갇혀서 앞만 보고 달렸기 때문이다. 심지어 아이가 아픈 날도 출근했다. 둘째가 태어나고 더 이상은 안 되겠다고 생각했다. 그리고 한 번도 해본 적 없던 일에 한 번도 감당해 본 적 없었던 큰돈을 준비해서 무모한 도전을 했다가 모든 것을 잃는 절망에 빠지기도 했다. 역설적이게도 그 실패가 뻔히 보이는 길을 가기로 했을 때 가족을 비롯한 주변인이 응원과 격려를 아끼지 않았다. 물론 우려도 일부 있었다. 아주 빠른 시간 안에 모든 것을 잃었고, 회복 불능 상태로 5년을 넘게 살았다. 참담했던 시기였다.

그러다 책을 읽으면서 한계를 벗어던지기 시작했다. '우물 안 개구리'라는 너무 흔해서 아무런 감흥이 없던 경구가 머리를 후려쳤다. 나는 아주 작고 작은 우물 안 개구리였다. 고정 관념으로 똘똘 뭉친 아주 작은 우물 안의 개구리. 그렇게 창업을 생각하게 됐다. 그런데 모두가 하는 그런 창업은 아니어야 한다고 생각했지만 달리 방법을 찾을 수 없었다. 그러다 우연히 무자본 창업을 만나게 됐다. 그때 만난 사람이 바로 클라우드에어라인즈㈜의 최규철 대표다. 그를 만나면서 고정 관념의 벽을 산산이 부수기 시작했다. 나는 그를 내 인생의 멘토로 고용했다. 무자본 창업의 수많은 아이템을 알고 싶다면 ㈜버터플라이인베스트먼트의 신태순 대표의 책들을 읽어보고 그를 만나서 도움을 받아보길 바란다.

수십 년간 간직하고 있던 나의 고정 관념들이 무너지기 시작했고 그 삶을 즐기기 시작했다. 창업을 대하는 우리 모두의 고정 관념은 한결같았다. 경쟁에 길든 대부분의 사람은 사고의 범위가 크게 다르지 않다는 것을 알게 됐다. 경쟁하는 모든 사람의 특징이다.

남들이 하는 대로 하려 한다. 수동적이다. 시키는 대로 한다. 안전성을 추구한다. 위험을 싫어한다. 아이러니하게도 결국 더 위험한 도박에 가까운 선택을 한다. 이런 것들이 대부분은 경쟁률을 높이는 데는 도움을 주지만 실제로 합격 라인 안에 들게 하지 못한다. 실패와 들러리로 점철된 허수 인생이다. 취업 준비생, 공무원이나 공기업 채용 시험, 각종 경쟁이 치열한 모든 관문 앞에는 이런 사람들이 90%라는 것이다. 우리 대부분이 속하는 집단이라는 말이다. 우리 시대에 경쟁이란 이름의 모든 도전은 90%의 허수가 만들어낸 거품일 뿐이다. 항상 파레토의 법칙을 생각하게 된다. 8:2가 아니라 9:1이 되기도 하고, 심지어 9.9:0.1이 되기도 한다.

창업도 다르지 않다. 창업을 준비하는 자들은 실패하면 안 된다는 강박 관념에 사로잡혀 '철저한 준비'의 모든 것을 돈과 아이템에 건다. 상권 분석과 홍보에 관한 고정 관념도 마찬가지다. 돈이다. 그 고정 관념을 버려야 한다. 그래야 산다. 그동안 줄기차게 떠들어 왔던 내용이다. 상권 분석은 스스로 해라. 월세 싸고 최소한의 기본 시설은 갖췄지만 무권리로 시작할 수 있는 곳이면 충분하다. 한적하게 공터까지 있으면 더 좋고, 조금 넓으면 더 좋고. 홍보는 고객들이 알아서 하도록 하는 것이 최고의 홍보다. 마케팅하지 않는 것이 최고의 마케팅이라는 것을 스스로 인지할 수 있을 때 진짜 사업이 시작되는 것이다. 여기까지는 돈에 관한 얘기다. 돈을 써야만 한다고 생각했던 성공에 필요한 전제 조건들을 버려야 한다는 얘기다.

진짜 버려야 할 중요한 고정 관념은 노동 시간에 관한 것이다. 많은 전문가나 지침서들은 더 많이 벌기 위해서는 더 많이, 더 열심히 일하라고 한다. 1만 시간의 법칙을 얘기한다. 반은 맞고 반은 틀린 말이다. 더 많이 일하는 목적과 기준은 더 많이 벌기 위해 더 적게 일할 방법을 더 열심히 연구하는 것이어야 한다. 그래서 근면과 성실에 대한 재정의가 필요하다. 더 적게 일하기 위해 방법을 찾고 연구하는 것이 근면과 성실이다. 그러면 더 적게 일하고 더 많이 벌 수 있다.

더 적게 일하기 위해서는 모든 것을 단순화해야 한다. 복잡한 어떤 시스템도 사업의 성장에 도움이 되지 않는다. 어떻게 하면 더 단축하고 줄일 수 있는지 더 빠르게 더 나은 품질의 상품을 생산할 수 있을지 고민해야 한다. 모든 것은 단순화하면 더 빠르게 숙련되고 시간을 단축할 수 있다. 줄일 수 있는 한 최대한 줄이면 그다음엔 놀라운 일이 일어난다. 하루에 백 개만 팔면 하루에 백만 개를 팔게 되는 날이 온다.

오랫동안 일해 온 전문가라는 사람들의 말을 듣지 마라. 그들은 그냥 그 일의 노예로 오랫동안 살아왔을 뿐이다. 안 되는 이유만 찾는 그들을 멀리하라. 그들은 그냥 자신이 주인인 줄 아는 직장에 귀속된 삶을 살고 있을 뿐이다. 그냥 돈과 일의 노예일 뿐이다. 모든 것을 잃고 있다는 것을 모른 채 살고 있다. 우리는 우리의 삶과 일의 주인이 되어야 한다. 그러기 위해 창업하는 것이다. 난 항상 그 '모든 것'이 가족이라고 떠들고 다닌다. 절대 잊지도 잃지도 마라. 그러지 않으면 아무것도 남지 않는다. 모든 것이 공허해진다. 계속 무너질 준비를 해라. 당신의 삶을 옥죄고 있던 그 하나하나의 고정 관념이 무너질 때마다 환호성을 질러도 좋다. 당신은 완벽한 자유를 찾아 항해하는 중이니까.

우리가 알고 있는 모든 진리나 진실이라고 믿었던 것들을 의심하는 것으로 시작하라.

유클리드 기하학의 공리는 모두 다섯 가지다. 이름하여 유클리드 5대 공리.

공리의 사전적 의미는 '증명을 필요로 하지 않거나 증명할 수 없지만 직관적으로 자명自明한 진리의 명제인 동시에 다른 명제들의 전제가 되는 명제다. 그러나 현대의 논리학에서는 명제의 자명

성에는 관계없이 연역적演繹的 체제의 기본이 되는 전제로 증명 없이 세워지는 명제를 공리라고 한다.' [네이버 지식백과: 공리axiom, 公理 (교육학 용어사전, 1995.6.29. 서울대학교 교육연구소)]

그런데 과연 그 공리라는 것이 사실일까? 자명한 진리인 명제일까? 의심해 본 적은 있는가? 과연 무한한 평면이라는 것이 현실 세계에 존재하는 걸까? 무한한 직선은 과연 있는 것일까? 삼각형의 내각의 합은 몇 도일까? 임의의 한 점과 한 점을 잇는 직선은 과연 하나뿐일까? 이 모든 공리라는 것이 가정에 기초한 것이라면? 과연 우리에게 절대적인 진리라는 것이 있을까?

분명한 건 하나다. 우리는 죽는다는 것이다. 사람들을 지켜보면 영원히 살 것처럼 행동한다. 매일매일 무한 반복되는 삶을 살고 있다. 주 5일, 주말 이틀, 9시와 6시의 출퇴근, 남들과 비슷한 계절에 며칠간의 복잡한 기간에 떠나는 휴가. 물론 그마저도 사치인 삶도 넘쳐난다. 그들에겐 곧 만나게 될 낭떠러지가 보이지 않는다.

지금 무언가를 위해 하고 있는 모든 행위가 과연 나의 행복한 삶을 위해 어떤 도움이 될 것인지 고민하는 삶이 되어야 한다. 영원히 살지도, 두 번 살지도 않는다는 오직 분명한 진리를 자각하고 사는 것이, 진짜 삶을 향한 첫걸음임을 알아야 한다. 지금까지 알고 있었던, 진리라고 생각했던 모든 것들을 의심하고 무너뜨리는 삶이 그리 나쁘지 않다는 것을 깨우치면 좋겠다. 그래서 그 높고 견고했던 벽이 매일 무너지는 삶을 즐겨보면 좋겠다. 남은 삶

은 즐겨 보시길. 그러니 멋지게 창업하자. 놀라운 창업의 기술을
익혀보자.

오
놀라워라:
창업의 기술

모두 창업을 해야 하는 창업 전성시대라고 했다. 어쩔 수 없이 꼭 창업해야 한다면 남들처럼 실패하고 싶지 않다. 성공하고 싶다. 그런데 모두 실패하고 있다고 겁만 팍팍 주고 있다. 그래서 도대체 어떻게 해야 한단 말인가? 도대체 그 빌어먹을 창업이라는 게 뭘까? 모두가 그토록 간절히 바라는 성공이란 건 뭘까?

처음에 내가 생각한 창업과 성공이란, 꿈을 이루고 놀랍게 성공하는 것이었다. 세계적으로 걸출한 유명 인사들처럼 말이다. 나에게 창업은 노벨 경제학상을 수상하는 것이다. 허황하지 않은가?

빌 게이츠, 마크 저커버그, 정주영, 손정의, 일론 머스크, 리처드 브랜슨, 김연아, 박지성, BTS. 정말 대단한 사람들이다. 하지만 그런 일은 1억 명 중 1명, 천만 명 중 1명, 정말 억세게 운 좋은 사람에게나 해당하는 어마무시한 일이다. 상상하기도 힘든 일이다. 평범한 우리 같은 사람들은 불가능에 가까운 일이다. 과연 얼마나 많은 사람이 저런 창업을 꿈꾸고 준비하고 있을까? 많으리라 생각한다. 그 중 대부분은 허수에 불과하겠고. 그런데 우리가 추구해야 할 창업의 시선은 아니다. 그들 정도의 성공은 아주 오랜 시간이 걸리기도 하거니와 대부분은 어림도 없는 꿈에 가까운 일이기 때문이다. 애초에 생각도 하지 말자. 그럼에도 불구하고 그런 성공을 꿈꾼다면 영혼 없는 건투를 빈다.

　그럼 한 단계 낮춰볼까? 그다음에 창업이란 뭘까? 돈을 엄청 나게 많이 버는 것이다. 백억? 천억?

　수백억 원 이상을 보유한 수많은 부자가 있다. 부자들 이름이 생각이 안 난다. 하지만 이런 일도 100만 명 중의 1명, 10만 명 중의 1명, 억세게 운 좋은 사람에게만 해당하는 일이 아닐까? 이뤄질 확률 1% 이하! 대부분 사람에겐 불가능에 가까운 일이다. 무한경쟁을 통해서도 이루기 어려운 일이다. 도전한다고 해서 이뤄낼 수 있는 일이 아니다. 그럼에도 불구하고 꼭 해내고야 말겠다는 사람은 해도 좋겠다. 역시 같은 건투를 빈다.

　사실 나도 그런 부자가 되겠다는 생각을 한 적이 있긴 하다, 지금은 아니지만. 무슨 일이든 그것이 경쟁을 통해서 우위를 증명해야 한다는 것은, 삶을 피폐하게 만드는 가장 쉽고 빠른 방법이라는 사실을 대한민국에서 경제 활동을 하는 구성원이라면, 그중에서도 한 번도 우위를 점해 본 적이 없는 사람이라면 어렴풋이 알고 있으리라 생각한다. 그렇게 열심히 살았는데 별로 나아지는 게 없는 이유다. 업무의 연장선에서 회식과 자기계발 등의 이름으로 노동 시간이 계속 늘어가고 있는 대한민국에서 열심히 살지 않는 사람은 거의 없다. 그럼에도 불구하고 양극화는 더 심해지고 있다. 다르게 접근하지 않으면 점점 빈곤해질 수밖에 없다.

　좀 더 내려가 보자. 그다음엔 창업이란 뭘까? 부족함 없이 잘 먹고 잘사는 것이다. 그마저도 쉽지는 않지만 김 과장, 박 부장, 이 차장, 정 사장 등등 각자의 경제 활동을 위해 자신을 던지는 창업 이다. 대부분이 몸담고 있는 창업 시장이다. 월급을 받으면서 일하는 것도 노동의 대가를 교환한다는 의미에서 창업으로 볼 수 있다. 물론 자신이 일한 만큼 대우를 못 받고 있다고 말할 수도 있겠지만, 반대로 자영업자의 절반이 넘는 사람이 자신이 고용한 직원보다 더 적게 가져가는 것을 감안하면 월급을 받는 직장에서 노동력을 파는 것이 어쩌면 그들의 창업보다 더 나을 수도 있다.

이런 형태의 창업은 마음먹은 대부분의 사람이 가능하고, 시도하거나 영위하고 있다. 그마저도 실패하고 있는 사람은 그렇다 치더라도 언제까지 부족함 없이 먹고살 수 있을까? 지금도 모두 너무 힘들다고 아우성이다. 힘든 이유는 뻔하다. 언제든지 누구든 대체 가능한 일을 하고 있기 때문이다. 경쟁하는 모든 일의 본질이다. 그래서 내가 아닌 누구라도 할 수 있고, 계속할 수 있는 일은 올바른 방향의 창업이 아니다.

그럼 올바른 방향의 창업이란 도대체 뭘까? 어떻게 해야 하는 걸까?

진짜 제대로 된 창업은 좋아하는 것을 찾아 평생 하는 것이다. 그런데 좋아하는 일이 하나뿐일까? 하다 보면 계속 생길 것이다.

돈은 못 벌어도 상관없을까? 당연히 벌어야 한다. 하지만 돈을 벌기 위해 창업을 한 게 아니라 즐기기 위해 창업하고 나니 돈을 벌게 되는 것이 가장 바람직한 방향이다. 그런데 얼마나 많이 벌고 언제까지 벌 수 있을까? 이제 함께 알아갈 창업의 기술을 익히고 나면 상상하는 것보다 훨씬 많은 돈을 죽을 때까지 벌 수 있다. 그 게 가능할까? 만약 가능하다면 생명 공학의 발달로 돈만 많이 있 다면 언제 죽을지 알 수 없는 세상을 맞이해야 하는 마당에 더없이 반가운 얘기 아닌가?

그럼 이제 우리가 평생 즐겁게 일하면서 부족함 없이 먹고살 수 있는 창업의 기술을 한 번 살펴보도록 하자.

창의력을 발휘하는
아마추어의 창업 기술

창업에 창의력이 필요할까? 필요하다. 다른 사람들과 같은 방식이 아니어야 하기 때문이다. 그럼 어떻게 달라야 할까? 특별하고 새로운 기술이 필요할까? 아니다. 좋아하는 일을 하나만 제대로 하면 된다.

아인슈타인이 세계 최고 과학자가 된 이유가 무엇일까? 가장 좋아하는 물리학 연구가 생계가 아니고 취미였기 때문에 최고의 과학자가 될 수 있었다. 그의 생계 수단은 특허국 말단 직원이었다.

취미와 생계 수단이 분리될 때의 장점을 살펴보자. 취미와 직업이 분리되면 창의력이 더 좋아진다. 더 자유롭고 즐겁게, 더 순수한 연구를 할 수 있기 때문이다. 나도 글을 쓰며 강의와 교육을 하고 컨설팅을 하는 것이 주된 수입원이 아니기 때문에 더 자유롭게 이것들을 즐기는 것이 가능하다.

"과학이 과학자에게 생계 수단만 아니라면 경이로울 텐데…."

아인슈타인은 과학 연구에 열정이 없는 후배 교수에게 "여보게, 그만두고 구두 수선공이 되어보게."라고 말했다고 한다.

좋아하는 것을 찾았다. 그런데 많은 사람이 좋아하는 일로 창업할 수 없다고 생각한다. 그 이유는 너무 뻔하다. 처음부터 그 일로 생계를 유지할 수 있어야 한다고 생각하기 때문이다. 그러니 생계가 유지될 만큼의 매출이 필요하고 그러기 위해서 크게 시작한다. 그러니 돈이 많이 들고 생각보다 매출이 나오지 않으니 얼마 못 가서 망하는 식이다. 영어든 태권도든 피아노든 미술이든 아이들 가르치는 걸 좋아한다고, 그걸 배웠다고, 할 줄 안다고, 덜컥 학원부터 차리고 홍보부터 해서는 안 된다. 그래선 안 된다.

좋아하는 일로 창업하려면 그 일에 돈을 쓰지 않고 창업해야 한다. 그래야 창의력을 발휘할 수 있다. 그 일이 당장 먹고 사는 데 도움이 안 되더라도 상관없어야 한다. 처음에 먹고사는 일은 다른 일로 벌면 된다. 그게 뭐든 상관없다. 그러면 그 일을 더 재밌게 할 수 있다. 이렇게도 해보고 저렇게도 해보면서 매출을 증대시킬 수 있는 다양한 방법으로 변화를 시도해 볼 수 있기 때문이다. 그러면 더 효율적으로 운영할 방법을 찾게 된다. 더 많이 팔 수 있는 방법, 더 감동할 수 있는 방법을 찾게 된다. 여러 가지 시도를 하는 데에 돈이 들지도 않고 굳이 생계를 위한 최소한의 수입이 필요하지도 않기 때문에 가능한 일이다. 그것이 아마추어가 할 수 있는 가장 위대한 특권이다. 이를 '아마추어의 창업 기술'이라 하자.

어떤 과목을 어떤 대상에게 가르치고 싶다. 어떤 대상에게 가르치고 싶을까? 공부 못하는 아이, 혹은 잘하는 아이, 남자아이, 여자아이, 초등학생, 중학생, 고등학생, 대학생, 직장인? 그 모두를 다 잘 가르치고 싶을 수는 없다. 그래선 안 된다. 그건 만용에 가까운 욕심이다. 정말 작은 욕심이기도 하다. 대부분의 보습 학원이 전 연령층을 다 가르치려 하고, 차량을 운행하며 성적 관리까지 해주면서도 고전을 면치 못하는 이유이기도 하다. 하나만 제대로의 개념을 이해해야 한다. 모든 것을 제대로 한다는 것은 버려야 할 아주 거대한 고정 관념에 불과하다. 불가능하다. 그럼 잘 가르치고 싶은 목표 그룹 하나를 정하면 방법이 보인다.

어찌 됐건 정했다. 그럼 어떤 과목을 가르치고 싶을까? 국어, 수학, 과학, 영어, 미술, 음악, 체육, 기타 등등의 무언가 하고 싶은 과목이 있다. 그럼 역시 어떤 특정 집단에 그 모든 것을 제대로 가르칠 수 있을까? 불가능하다. '초중고 영어 수학 전문'이라고 써놓은 학원은 불가능에 도전하는 것이다.

어떤 과목을 가르치기로 정했다고 하자. 그럼 누구를 어떻게 가르칠 것인가? 목표를 정하는 것이다. 그건 쉽다. 그리고 그 대상을 미치게 만드는 것이다. 그럼 어떻게 미치게 만들 것인가? 그 고민을 해야 한다.

생계가 걸리지 않으면 자유롭게 고민할 수 있다. 그렇다고 공짜로 해주라는 것이 아니다. 적당히 원하는 수준으로 받으면서 하면 된다. 고객은 최소한의 권리를 주장하고, 창업자는 책임을 지기 위해서도 돈은 주고받아야 한다. 공짜나 저가 상품으로는 결코 고객을 감동시킬 수 없다. 그러기 위해 시작하기 전에 특정 그룹의 성향이나 특징이나 그들의 니즈(필요)에 대한 연구를 해야 한다. 어떤 것을 가르치기 전에 도대체 저 그룹이 원하는 것이 무엇이며 어떻게 하는 것이 가장 효율적인가 하는 연구를 해야 한다.

목적 고객층의 범위가 넓어지면 연구 자체가 불가능하다. 그러니 최대한 압축하고 단순화해야 한다. 생계가 달리지 않으면 조급해지지 않고 고객에게 휘둘리지 않을 수 있다. 이해가 되는가? 다른 모든 창업에도 적용이 가능하다. 그게 자영업 시장의 가장 많은 비중을 차지하는 요식업이든 각종 서비스업이든 전문 분야든 상관없다. 아마추어의 창업 기술은 처음이라 잘 모르는 모든 초보 창업자가 한 푼도 들이지 않고 자유롭게 시작할 수 있는 가장 확실한 창업의 기술이다.

그럼 생계는 어떻게 해결해야 할까? 생계를 위해 무슨 일이든 하면 된다. 나는 초보 창업 전문 과외라는 즐거운 일을 계속하기 위해 책을 쓰고, 일용직 막노동을 하고, 야간 청소일도 했다. 대리

운전도 했고, 단 1명을 위한 강의도 한다. 직장을 다니면서도 할 수 있다. 실제로 우리가 알고 있는 유명한 많은 사람이 거대한 사업을 시작하기 위해 자신이 가진 모든 것을 팽개치고 온전히 그 일만을 한 것은 아니라는 것을 알아야 한다.

빌 게이츠도 창업하기 위해 대학을 그만둔 게 아니라 사업이 어느 정도 안정적인 궤도에 올랐을 때 하버드라는 명문대의 졸업장을 버릴 수 있었다. 온라인 안경점을 시작했던 와비파커의 창립자들은 사업이 안정적인 궤도에 오르기 전까지 각자 직장을 다녔기 때문에 창의적인 아이디어를 계속해서 낼 수 있었다.

창업의 시작은 그처럼 가벼워야 한다. 모든 무거운 선택과 결정은 느리고 위험하다. 일이 어그러질 경우 금전적으로 책임져야 할 일이 생기면 곤란하다. 그리고 모든 경우에 만족스럽지 않다. 많이 벌어도 적게 벌어도 더 벌 수 있었을 거라는 불만족이 따른다. 그 무거움과 느림과 두려움과 불만족의 크기는 투자금의 크기와 정확히 비례한다. 그러니 무조건 가볍게 시작해야 한다. 그러면 어떤 경우든 만족스럽다. 그래야 더 멋지고 거대한 사업으로 확산할 수 있다.

구체적인 전략은 뒤에서 살펴보기로 하자.

위대한
창업의 기술

우리는 어릴 때부터 위인전기에 익숙하다. 위인전에 나왔던 그들의 위대함에 대한 생각들을 한번 짚어보자.

위대하다는 것은 도대체 무슨 의미일까? 우리가 어릴 때부터 위대하다고 들어온 사람들에 대한 기억을 떠올려보자. 그들은 무언가를 위해 희생했거나 공익을 위한 업적을 세운 사람들이다. 떠오르는 사람 아무나 나열해 보자. 너무나 많다. 당장 떠올릴 수 있는 사람만 수십 명이 넘는다. 그러면 그들은 무엇을 위해 희생했을까?

그것은 바로 우리를 자유롭게 하기 위한 희생이다. 그럼 무엇으로부터 자유롭게 했을까? 억압, 무지, 질병, 가난, 편견, 멸망, 공간, 시간 등등 인류 역사가 진행되어 오는 동안 우리를 가뒀던 모든 제약과 공포와 한계로부터 자유롭게 해준 사람들이 위대한 사람들이다. 그들은 역사에 길이 남을 위대한 창업가들이다. 우리의 그 모든 자유를 개척하고 유지하고 표현한 모든 위대한 창업가들을 역사는 영원히 기억할 것이다. 당신도 역사가 기억하는 위대한 창업가가 될 수 있다. 위대한 창업가의 꿈을 가져라!

에이브러햄 링컨, 마틴 루터 킹, 세종대왕, 루이 브라유, 에드워드 제너, 헨리 포드, 스티브 잡스, 일론 머스크는 자유를 개척한 창업가들이다. 약하고 핍박받는 사람들에게 인간적으로 살 수 있는 권리를 찾아 주고, 읽고 쓸 수 있도록 해주었다. 보이지 않는 사람들을 위한 점자를 만들고, 인류의 절반을 죽게 한 천연두를 퇴치해서 지금의 우리를 살아 있게 했으며, 말보다 더 빨리 달릴 수 있게 하거나 손안에 온 세상을 안겨주기도 했다. 앞으로 50년 안에 포화되고 멸망하게 될 거라는 지구를 벗어나 화성에 거주할 수 있도록 준비하고 있는 사람도 있다.

이순신, 안중근, 유관순, 간디, 유누스 등은 자유를 유지하게 해 준 창업가들이다. 만약 임진왜란을 막지 못했다면, 수많은 독립투사가 없었다면, 그래서 지켜내지 못했다면 과연 지금의 대한민국이 있었을까? 그분들이 없었다면 과연 이 땅에 온전한 민주주의가 뿌리내릴 수 있었을까? 권력의 집중을 막아 일반 국민들에게 법 앞에 평등할 수 있는 너무나 온당한 기회를 누릴 수 있는 시도조차 할 수 있었을까? 폭력 앞에 비폭력으로 맞서 평화를 찾아주고 가난한 사람들을 위한 은행을 만들어 수많은 사람을 가난으로부터 자유롭게 해준 사람도 있다.

레오나르도 다빈치, 마이클 잭슨, 싸이, 찰리 채플린, 홍석천은 자유를 표현한 창업가들이다. 자유롭게 표현하고 행동하고 밝힐 수 있는 그들이 있었던 덕분에 더 많은 사람이 견고했던 고정관념을 깨고 자유롭게 자기 생각을 표현할 수 있게 됐던 것은 아닐까? 그들이 위대한 이유는 우리에게 더 큰 자유를 선물로 주었기 때문이다.

아문젠과 피어리, 노무현, 스티븐 호킹, 우에마쓰 쓰토무, 호세 무히카는 위대한 사람들이다. 아문젠과 피어리는 우리가 남극과 북극을 탐험하게 할 수 있도록 해주었고, 노무현은 고졸도 대통령이 될 수 있다는 것을, 스티븐 호킹은 장애인도 최고의 과학자가 될 수 있다는 것을 보여주었다. 우에마쓰 쓰토무는 로켓 공학을 배우지 않아도 우주로 로켓을 쏘아 올릴 수 있다는 것을, 호세 무히카는 농사지으면서도 대통령을 할 수 있다는 것을 보여 준 사람이다. 그들 모두가 우리의 사고를 더 자유롭게 해주었기 때문에 위대하다. 우리는 그들이 만들어 준 자유를 누리지 않을 이유가 없다. 그러니 고정 관념에 사로잡혀 있지 말고 더 자유롭게 사고하고 더 위대한 창업을 하자.

우리는 어떤 위대한 창업을 할 수 있을까?

그들이 했던 위대한 일처럼 우리도 누군가에게 자유를 줄 수 있는 창업을 하면 된다. 주변에 갇혀 있는 사람들을 살펴보자. 풀어줄 수 있는 사람들을 찾아보자. 그들에게 자유를 줄 수 있는 창업을 하면 된다. 그것이 위대한 창업이다.

장애인, 미혼모, 신용불량자 등의 사회적 약자들을 위한 창업을 할 수도 있고, 사기 또는 살인 등의 범죄를 저지른 범죄자를 위한 창업을 할 수도 있다. 그들이 사회의 편견으로부터 자유로울 수 있는 창업을 하면 된다.

파이오니아 휴먼 서비스(PHS)라는 회사가 있다. 알코올 중독으로 교도소에 갇혔다가 출소한 변호사는 전과자라는 이유로 사회에서 격리되는 비정한 현실을 보고 회사를 설립했다. 그 후 범죄자들을 위한 프로그램을 개발해서 오직 사회 취약 계층과 전과자만 취업할 수 있는 회사가 되었다. 꼭 그런 회사가 생겼으면 좋겠다. 편견과 고정 관념의 벽이 워낙 높은 대한민국 사회에서 정말 어려운 사업이 되겠지만 그럴수록 더 가치가 있는 사업이 될 수 있다. 그들이 안정적으로 머물 수 있는 공간이나 사업할 수 있는 사무실을 대여하는 사업도 좋고, 그들이 자신들의 능력을 살려 일할 수 있는 플랫폼을 구축하는 것도 좋다. 공간을 알아보고 건물주와 잘 상의하면 보증금은 후불로도 가능하고 월세는 선불로 받아서 해결할 수 있다. 그들 각자가 할 수 있는 일을 더 잘할 수 있도록 연결해 줄 방법은 직접 부딪혀 보면 의외로 많다. 이렇듯 당사자가 자신의 자유로운 삶을 위해 창업하는 것이 가장 바람직하다.

사기 전과자들은 사기를 당하지 않는 방법을 가르치는 컨설팅을 할 수도 있다. 사기를 한 번 당해 본 사람은 두 번 당할 가능성이 있고, 모든 계약이나 거래 시 동행하면서 사기를 당하지 않을 수 있도록 도움을 받을 필요도 있다. 세상에 사기꾼이 많은 이유는 사기를 당하는 사람들이 많기 때문이다. 사기를 당하는 사람들의 공통점은 욕심이 많다는 것이다. '다시 오지 않을 더 싼 기회'에 현혹되어 사기를 당한다. '돈을 지불하는 다시 오지 않을 기회'라는 건 없다고 생각해야 한다. 나한테까지 올 기회라는 건 없다고 생각하면 된다. 그런 기회를 찾는 사람들이 사기를 당하지 않으려면 사기 전문가의 도움이 필요하다. 거래 금액에 따른 비율로 수수료를 받는 것도 좋겠다. 사기 방지 전문 과외다.

이렇게 모두가 자신이 가진 결핍을 활용한 사업을 할 수 있다. 자신이 가진 결핍이 무기가 될 수 있는 건 누구보다 스스로 해결 방법을 더 잘 알기 때문이다. 그들에게 필요한 것이 무엇인지, 무엇을 해줄 수 있을지. 그들을 자유롭게 해줄 수 있는 건 그들 자신이다. 장애인들에게 사기 치는 장애인들도 있다. 그들 모두에게는 그들만의 문제점과 해결 방법을 알고 있는 그룹이 있다. 기존의 창업을 바라보는 시선만 내려놓으면 누군가의 불편함을 해소해 줄 위대한 창업은 얼마든지 시작할 수 있다.

시대를 앞서가는 기술이 있어야 하고, 남들보다 특별한 아이템이 있어야 하고, 보다 좋은 상권이 필요하다고 생각하는, 창업을 바라보는 시선이 지금 모두를 힘든 상황으로 내몰고 있다는 사실을 바로 볼 수 있어야 한다. 단지 누군가가 느끼고 있는 불편함으로부터 그들을 자유롭게 해줄 수만 있다면 그것이 당신만의 창업이 될 수 있다. 지금 당장 주변의 불편함을 찾아보자. 그걸 해결해버리는 것이 위대한 창업이다. 그들을 자유롭게 해주자.

나를 위해
창업하는 기술

자, 이번에는 이기적인 창업이다. 말 그대로 자신을 위한 창업이다. 많은 창업자가 위기에 봉착하는 가장 큰 이유가 '고객은 왕'이라는 정말 어처구니없는 자기 최면 때문이다. 고객은 왕이 아니다. 창업자가 왕이어야 한다. 왜냐하면 고객은 자신이 왕이라고 생각하는 순간 창업자가 가장 싫어하는 진상 고객으로 돌변하기 때문이다. 진상 고객은 원래 그렇기도 하지만 창업자가 그렇게 만드는 것도 있다는 것을 알아야 한다. 같은 고객도 비싼 상품을 살 때는 아무렇지 않다가 싼 상품을 살 때는 진상 고객으로 돌변하기도 한다. 명품 가방을 살 때 흥정하지 않는 고객과 콩나물을 살 때 깎아달라고 떼쓰는 고객은 동일 인물이라는 것을 알아야 한다.

사업하면서 지치게 하는 가장 큰 원인 중 하나가 진상 고객이다. 고객에게 휘둘리는 순간 그들은 진상 고객으로 돌변한다. 그래서 사업은 철저히 이기적으로 해야 한다. 창업자 마음대로 해야 한다. 고객의 입장 따윈 신경도 쓰지 마라.

자신이 원하는 사업을 자신이 편한 방식으로 비싸게 받으면서 시작하는 사업이 이기적인 사업이다. 나는 항상 그런 사업 방식을 강조해왔다. 선택권을 박탈한 단일 메뉴를 한정된 시간에, 한정 수량만을 비싼 가격에, 구석진 곳에서 팔아야 한다고 말해왔다. 그들에게 까칠하고 쉽지 않은 사장이 되면 진상 고객은 만날 일이 없다. 만약 진상 고객을 만나면 그들을 버리면 된다. 더 비싸게 받으면서 까다롭게 굴면 된다.

그럼 이기적으로 시작하는 창업의 기술을 한 번 보자.

창업자가 살을 빼고 싶다. 자신이 살을 빼는 방식을 연구한다. 빼는 방식은 다양할 수 있다. 요요 없이 3일 만에 5kg 빼는 방법을 상품화할 수 있다. 역시 같은 방식으로 한 달 만에 10kg 빼는 방법을 상품화할 수 있다. 프로그램은 짧을수록 가격은 비싸다. 누구에게나 시간이 가장 소중한 자산이라는 사실을 계속해서 부각해야 한다.

가장 쉬운 해법은 자신이 그렇게 해보면 된다. 연구해라. 건강을 해치지 않고도 반드시 뺄 수 있는 방법을 찾으면 된다. 자신이 검증한 방법을 모델링해서 판매하면 된다. 어떻게? 그런 욕구를 가진 사람에게 개별적으로 팔면 된다. 자신이 뺀 모습과 방법을 간단히 공개하고 회원을 모집하면 된다. 어떤 방식이든 가능하다. 모든 경우의 수에 필요성을 느끼는 고객은 항상 있기 때문이다. 상품의 세부 사항은 자신이 편한 방식대로 정하면 된다. 중요한 면접을 보든, 증명사진이나 여권 사진, 웨딩 촬영을 해야 하는 며칠 남지 않은 시간 동안 특정한 부위의 급격한 체중 감량이 필요한 사람들에게 비싸게 받을 수 있는 프로그램을 개발하면 된다. 첫 고객을 만족시키고 비슷한 부류의 사람들이 있는 곳을 찾아다니면 당신의 서비스가 필요한 고객은 차고 넘친다. 그런데 역시 조심해야 한다. 차고 넘친다고 다 받아주면 안 된다. 까다롭게 굴어라. 그들에게 맞춰주지 마라. 절대.

창업자가 가고 싶은 곳이 있다. 그곳을 꼭 가야 하는 이유가 여행 상품 설명서가 된다. 갈 수 있는 교통편과 비용을 알아보고, 숙박 비용, 식비, 부대 비용 등을 검토하면 여행 상품이 된다. 어디서든 흔하게 찾을 수 있는 상품이 아니어야 한다. 몇 명 이상 출발하면 창업자의 비용을 포함할 수 있는지 설계할 수 있다. 그렇게 창업자가 가고 싶은 곳을 골라서 특별한 여행 상품을 계속 개발하면 된다. 그렇게 시작해서 거대한 사업이 된 여행사가 '노랑풍선'이다.

버진그룹 회장으로 유명한 리처드 브랜슨도 그렇게 시작했다. 자신이 꼭 가야 하는 지역의 항공편이 결항하면서 거대한 사업이 시작되었다. 너무나 익숙한 사람은 초심자의 세세한 궁금증을 모두 해결해주지 못한다. 그런 의미에서 가고 싶은 곳이 있는, 혹은 딱 한 번 가본 초보 여행자가, 세세하고 굳이 몰라도 될 것 같은 자잘한 것들까지 포함해 모든 것이 궁금한 초보 여행자에게 가장 훌륭한 가이드가 되어줄 수 있다. 그게 당신의 사업이 된다.

또 하고 싶은 일을 생각해 보자. 어떤 일이든 좋아하는 일로 창업이 가능하다. 철저히 자신이 좋아하는 일을 좋아하는 방식으로 설계하는데, 그런 상품이 필요한 사람은 반드시 있다. 그는 한 번도 경험하지 못했던 꼭 원했던 상품이 조금 비싸더라도 구매하게 된다.

창업자가 영어를 잘하고 싶다. 그래서 보통은 다양한 방식으로 영어를 배운다. 그러면 왜 영어를 잘하고 싶은지 어떤 목적으로 영어를 잘하고 싶은지 정하고 시작하면 된다. 다만 입시를 위한 영어는 아니면 좋겠다. 그것이 타겟팅의 시작이기도 하다.

어떤 식으로든 시간과 비용은 들게 마련이다. 앞서와 마찬가지로 자신이 영어를 잘하고 싶다면 효율적인 방법을 찾거나 혹은 아주 기초 단계의 수준을 가르치면서 돈을 받으면 된다. 대부분 누굴 가르치기 위해선 대단히 전문적인 지식이 있거나 실력이 뛰어나야 한다는 고정 관념을 갖고 있다. 그렇게 시작하려면 그 자격을 갖추는 시간만 해도 엄청나게 걸린다. 자격을 갖췄다고 하더라도 당장 전문가로 인정받을 수 있는 것도 아니다. 그러니 그런 방식은 애초에 시작하지도 말자. 그리고 대상에 따라 전혀 다르게 접근해 볼 수 있다. 영어를 정말 못하는 '영알못'에게 가장 훌륭한 교사는, 그러니까 최고의 영어 전문가는 누굴까? 영어영문학 전공 교수일까, 대학원생일까, 학원 강사일까, 세상에 널린 자격증을 취득한 사람일까? 처음이라 잘 모르는 '영알못'에게는 영어를 갓 배운 학생이 가장 좋은 선생이 될 수 있다. 그게 문법이든 회화든 상관없다. 꼭 하고 싶은 것을 익히면서 돈을 받고 가르치면 된다.

처음부터 많은 돈을 받고 할 수 있을까? 처음에는 무료에 가까운 적은 돈을 받고 가르쳐줘도 된다. 하지만 가르치다 보면 알게 된다. 돈을 받고 가르치면서 자신의 실력이 늘고 있다는 것을. 영어만 그럴까? 세상에 돈을 내고 배우는 모든 것에 적용이 가능하다.

실제로 많은 전문가가 처음에 그렇게 시작했다. 초보에게 최고의 전문가는 비전문가라는 사실을 잊지 말자. 왜냐하면 처음이라 잘 모르는 초보의 마음을 가장 잘 아는 사람은 이제 갓 배워서 초보 딱지를 뗀 사람이기 때문이다. 그러니 무언가를 가르쳐서 돈을 버는 것은 대단히 오랜 시간 동안 노력해서 전문가가 된 후에야 가능하다고 생각하는 대부분의 사람을 실컷 비웃어도 좋다. 그들은 언제까지나 자신들이 정한 기준에 따라 경쟁적으로 노력하면서 선택받기 위한 삶을 살 가능성이 매우 높다. 그리고 대부분 자신이 선택받기 원하는 곳에서 선택받지 못한다. 그것이 모두가 갖추려고 하는 스펙의 진짜 정체다. 선택받을 가능성이 매우 낮은 선택받기 위한 삶보다 하고 싶은 것을 마음껏 선택하는 삶을 바라보자.

조금만 다르게 생각하면 세상에 할 일은 얼마든지 있다. 굳이 꼭 창업이라고 하면 점포 창업을 생각하는 대부분의 사람은 그들의 길을 갈 수밖에 없다. 20년 동안 여러 가지 장사를 해온 사람은 할 수 있는 게 그것밖에 없어 보인다. 그런데 왜 여전히 그러고 있을까? 생각의 틀이 변하지 않기 때문이다. 돈은 보통 사람들보다 좀 더 벌었을 수도 있다. 그런데 그 돈 깔고 앉아서 할 수 있는 게 없다. 아침부터 저녁 늦게까지 종일, 그렇게 일주일 내내 좁은 공간에 갇혀 평생을 살아온 그곳이 감옥이 아니면 어디가 감옥일까? 나이 들어 더 일하지 못하게 되면 그때 여생을 즐겁고 편하게 보낼 수 있을까?

앞서 언급한 바 있지만 후회하는 삶을 살게 된다. 자신은 대단히 특별한 사람이라 그렇지 않을 거라고 장담할 수 있는 사람은 없다. 돈과 사업과 삶에 대한 자세를 고쳐 앉아서 창업을 다시 바라봐야 한다. 자신을 위해 어떤 창업을 해야 할 것인지는 오직 자신에게 달렸다.

남을 위해
창업하는 기술

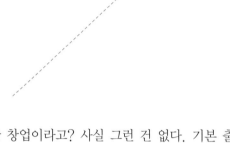

남을 위한 창업이라고? 사실 그런 건 없다. 기본 출발은 자신을 위한 창업이어야 한다. 그런데 거기서 한 발 더 나아가 보면 도움을 줄 수 있는 사람들이 정말 많기 때문에 말장난 같지만 '남을 위한 창업'이라 하자.

하고 싶은 게, 혹은 갖고 싶은 게 하나도 없을 수도 있다. 그러면 다른 사람들이 원하는 것이 무엇인지 관심을 갖고 찾아보면 된다.

누군가를 도와주고 싶은 마음에 창업하는 사람들이 있다. 그건 창업이라기보다 자선 사업이라고 해야 한다. 봉사 활동에 가까울 수도 있다. 봉사 활동이나 자선 사업가가 많아지면 좋겠다. 어렵고 힘든 사람들에게 작게나마 도움이 되고 사회가 밝아질 테니까. 하지만 자선 사업은 더 이상의 돈을 벌 필요가 없는 부자들이 하게 내버려 두자. 그런데 아이러니한 것은 부자들이 돈을 더 많이 벌기 위해 노력하고, 실제로 더 많이 벌고 있다는 사실이다. 심지어 더 적게 일하면서. 그러니 자선 사업은 돈을 벌어서 자신과 가족이 먹고살아야 하는 우리가 할 일은 아니다. 그리고 자선 사업인 것처럼 사회적 기업이라는 껍데기를 쓰고 영리를 목적으로 운영하는 기업도 있다. 그들이 무엇을 원하든 우리가 추구하는 방향은 아니다. 우리는 고객에게 꼭 필요한 도움이나 상품을 주고 그에 걸맞은 대가를 받는 것을 목적으로 한다. 결코 싼 값에 소중한 상품을 고객의 손에 쥐여주려 해서는 안 된다. 소중한 만큼 상응하는 대가를 지급하도록 해야 한다. 결코 자선 사업이나 봉사 활동이 되어서는 안 된다.

돈을 벌기 위한 창업이다 보니 자신에게 도움이 되는 일이 결국 고객에게 꼭 필요했고 원했던 상품이기 때문에 이타적이라고 표현해도 무방하다. 이기와 이타는 결국 하나기 때문이다.

그럼 이타적인 창업의 기술을 살펴보자. 앞서 설명한 위대한 창업 기술의 연장선상에 있다고 보면 되겠다.

어린 자녀가 선천적 중증 장애를 앓는 부부가 있다. 자녀를 24시간 곁에서 돌봐야 해서 부부 모두 정상적인 직장생활을 하기가 어렵기 때문에 창업을 심각하게 고민했고 결국 창업하기로 했다. 지역의 창업 지원 프로그램에 신청해서 좋은 조건에 점포를 얻었고, 처음 계획은 반찬 가게였다. 주변에 알아보니 프랜차이즈는 비용이 비싼 데다 경쟁이 심할 것 같아서 나름 많이 찾을 것 같은 메뉴로 집중해서 준비하다 보니 결국 다른 반찬 가게와 다르지 않다는 것을 알게 됐다. 그래서 찾아왔다.

결핍을 활용하는 창업을 해야 한다. 내가 가진 결핍의 원인이 자녀였고, 그 자녀를 위한 음식을 만드는 것이 다른 창업이 된다. 창업자의 자녀와 비슷한 중증 장애를 가진 아이에게 먹일 수 있는 반찬, 혹은 식사 대용의 음식을 만들어 판다. 어차피 본인들의 자녀에게도 필요하기 때문이다. 커뮤니티를 활용해서 그들에게 먼저 팔아보고 개선 방향을 찾고, 월 또는 연간 정기 회원을 모집하는 방식으로 창업을 진행하면 된다. 의학적인 지식까지 포함된 상품을 제공할 수 있다. 그들의 아픔을 누구보다 더 잘 알기 때문에 공감할 수 있는 방식을 찾을 수밖에 없다. 회원 운영제로 미리 돈을 받기 때문에 돈에 대한 부담이 없고, 당일 준비한 신선하고 좋은 재료를 예약된 수량만큼만 준비해서 팔 수 있기 때문에 재고 부담도 없다. 그리고 프리미엄이란 이름으로 비싸게 팔 수 있다. 원가와 마진율을 고려할 이유가 없다. 감동의 크기가 내 상품의 가격이 된다는 사실을 잊지 말자. 나를 위한 창업과 남을 위한 창업은 이렇게 연결되어 있다. 극과 극은 통하는 것처럼 이기와 이타는 결국 하나다.

즐거운 놀이로
창업하는 기술

창업을 생각하고 있다면 무조건 명심해야 할 조건은 하나다. 즐거워야 한다. 즐겁지 않은 어떤 일도 오래 하기 어렵다. 하다 싫어질지언정 처음엔 좋아하는 일로 시작해야 한다. 하다 싫어지는 것은 좋아하는 일이 아니라는 것이고(돈은 나중 문제다), 좋아하는 일에 대해 생각해 본 적이 없었기 때문에 경험하게 되는 과정이다. 하다 싫어지면 다른 일로 바꾸면 된다. 그런데 큰돈 들여 시작하면 발을 빼기 어렵다. 그래서 창업은 무조건 가볍게 시작하자. 그러면 다른 일을 하게 되더라도 즐거우면 병행할 수도 있다. 또한 처음부터 매출이 크지 않아도 부담스럽지 않다.

처음이라 잘 모르는 초보 창업자의 시작은 그렇게 화려할 필요는 없다. 오히려 화려할수록 빨리 망한다. 싫어하는데 돈이 되니까, 된다니까 시작하는 사업은 오래 못 간다. 지치기 때문이다. 그래서 무조건 좋아하는 일로 창업해야 한다.

밀가루 냄새 싫어하는데 국숫집 한다는 사장님이 있다. 고기 냄새 싫어하는데 족발집 한다는 사장님도 있다. 아이들 싫어하는데 어린이집이나 유치원 또는 학원 운영하는 원장도 있다. 물론 그중에 잘하는 집도 있고, 나름 성공했다는 집도 있다. 그래서 뭐? 그게 그렇게 중요한가? 단지 돈을 벌기 위해 시작하거나 유지하는 사업은 힘들다. 다들 그렇게 산다고 나까지 그렇게 살아야 할 필요는 없다.

일을 스트레스 받으면서 하면 안 된다. 창업은 즐겁고 행복해야 한다. 우리의 종착역은 완벽하게 자유로운 삶이다. 힘들게 돈만 많이 버는 것은 결코 자유로운 삶으로 향할 수 없다.

아이들과 노는 것을 좋아한다면 노는 것으로 창업하면 된다. 아이들과 온몸으로 즐겁게 놀아주는 클럽을 만들면 된다. 어디 또 학교 앞이나 대규모 아파트 단지 상가를 생각하고 있으면 안 된다. 그러면 아무리 좋아하는 일도 좋아하기 어렵다. 고정비를 감당할 수 없기 때문이다. 나가야 할 돈을 생각하면 벌어야만 하는 돈을 생각하게 되고, 그렇게 돈에 휘둘리다 보면 본질에 집중할 수 없기 때문이다.

어떤 아이들을 대상으로 할 것인지 정하면 된다. 미취학 아동일 수도 있고 초등 저학년일 수도 있고 고학년일 수도 있다. 주변 이웃에 잘 아는 아이가 있다면 그 아이 엄마에게 허락을 구하고 요일과 시간을 정해서 특정 장소에서 놀아주는 걸로 시작한다. 처음부터 약간의 비용을 합의하고 시작하는 것이 좋다. 그리고 그 아이를 미치게 해주기만 하면 된다. 물론 전제는 교육 철학이 비슷해야겠지만 그 아이의 엄마가 바라는 얘기들을 아이에게 전해줄 수도 있다. 멘토링을 포함한 서비스가 될 수 있다. 일명 스파이 멘토 사업이다. 그다음엔 당당하게 더 많은 비용을 청구할 수 있다.

한두 달 후에 그 아이의 엄마에게 부탁해 보자.

"민수가 눈에 띄게 밝아지고 건강해졌는데요, 함께하는 친구가 있으면 더 좋을 것 같아요. 몇 명 더 함께할 수 없을까요?"

그러면 그룹이 생긴다. 한번 시작해 보면 계속 늘려가는 건 어렵지 않다. 그렇게 인원이 늘고 고정 수입이 생기면 특정 장소를 특정 시간 동안 대관을 하자. 그곳이 당신의 놀이터가 된다. 모든 거대한 사업은 그렇게 시작됐다.

당신이 만약 여행을 좋아한다면, 여행이라고 거창하게 생각할 필요도 없다. 도보 여행도 여행이다. 정처 없이 걷는 여행으로 시작해도 좋고 시내버스와 시외버스를 타고 떠나는 여행도 좋다. 그 길에서 깨달은 사소한 것들을 기록하고, 철학을 입히고, 특별한 콘텐츠 하나만 얹어서 상품을 만들고 함께할 사람들을 모아서 다니는 여행 사업을 시작하면 된다. 그것이 어느 섬마을의 핏빛 노을이거나, 어느 깊은 산속 손에 닿을 듯 쏟아질 것 같은 은하수거나, 이른 새벽 알려지지 않은 물안개 가득한 호수 같은 특별한 경관이거나, 삭막한 현실에 찌들어 찾은 사람 냄새 나는 정겨움이든 상관없다. 계속 확장하여 시간과 공간을 넓혀가면 자신만의 사업이 된다. 그 기록을 모아 책도 쓰고 강연도 하면 된다.

세계로 뻗어 나가자. 1인 미디어 시대를 지나오고 있다. 이미 많은 여행 작가들이 활동하고 있고 결혼과 동시에 신혼집 전세 자금 털어서 신혼여행으로 세계 일주를 떠나서 그 자체가 사업이 된 사람들 얘기도 있다. 10년째 세계 여행을 하고 있는 사람들도 있다. 그들이 머무는 곳이 사업지가 되고 먹고 마시는 것이 상품이 된다. 좋아하는 일로 평생을 즐겁게 살 수 있는 그들이 진정 자유로운 사업가 아닐까?

몇 살 때까지 얼마를 모으면 어디로 얼마간 떠날 거라고 다짐하는 사람이 대부분이다. 몇 년에 한 번 온다는 열흘 가까운 연휴만 손꼽아 기다리는 삶은 부러워하지 말자. 지금 당장은 안 될 이유라도 있나? 너무나 바쁘고 중요한 직장 때문에? 절대 빠질 수 없는 중요한 아이들의 학원 때문에? 그래서 도대체 뭘 얻을 수 있을까?

창업할 생각이라면 잘하는 것, 좋아하는 것, 즐길 수 있는 일을 찾아보자. 가르치는 것, 음식이든 물건이든 만드는 것, 꾸미는 것, 정리하는 것, 기쁘게 해주는 것, 개발하는 것, 여행하는 것,

아무것도 안 하는 것을 좋아할 수도 있다. 말도 안 되는 것 같지만 그런 것들로 얼마든지 창업이 가능하다.

그런데 아무것도 안 하는 것을 좋아하는 것으로도 창업할 수 있을까? 아무것도 하지 않는 것은 게으른 것일 수도 있고, 무기력한 것일 수도 있고, 은둔형 외톨이가 된 것일 수도 있다. 자신이 생각하는 스스로의 문제점을 해결하는 방식으로 창업을 성장시키면 된다. 결핍을 활용하는 방식이다.

게으른 사람들은 본인의 의지나 의도와 상관없이 자존감이 낮은 경우가 많다. 게으르거나 무기력한 행동을 합리화하거나 정당화할 수 있는 논리를 전개하고 그것으로 자존감을 높여서 비슷한 부류의 사람들에게 위로가 되는 것으로도 창업은 가능하다. 10년간의 은둔형 외톨이 생활을 그만두고 세상으로 나온 이야기를 써서 많은 은둔형 외톨이들에게 희망이 된 사람 얘기도 있다. 《어쩌다 히키코모리, 얼떨결에 10년》(김재주, 한국경제신문, 2018.9.)이라는 책 이야기다. 그들에게 돌파구가 되어주면 된다.

자신이 좋아하는 일로 창업하기 전에 우선 해야 할 일이 뭘까? 그것은 바로 스스로를 바로 아는 것이다. 자신이 뭘 좋아하고 뭘 잘하는지 알아야 한다. 어떨 때 가슴이 벌렁거리는지 알아야 한다. 하지만 우리 대부분은 자신이 뭘 좋아하고 뭘 잘하는지, 언제 가슴이 뛰는지 잘 모른다. 왜냐하면 그런 기회를 가져본 적이 없기 때문이다. 그저 앞만 보고 달려왔으니까. 경쟁에 길든 삶 속에서 스스로를 돌아볼 기회는 없었다.

유치원 다닐 때부터 했던 선행 학습은 중학교까지 이어진다. 정작 고등학교에 가면 생활기록부에 빼곡히 채워넣어야 할 스펙 쌓기에 바쁘다. 참 미칠 노릇이다. 그렇게 대입을 향한 무한 경쟁을 마치고 정말 운이 좋아서 그 좁은 문을 통과했다 한들 또 취업을 위한 무한 경쟁에 돌입해야 한다. 금수저로 태어나 학자금 대출은 받지 않아도 될지는 몰라도 취업의 문이 좁기는 매한가지다. 대단히 특별한 권력을 가진 부모의 도움을 받는다 하더라도 물론 훨씬 더 좋은 조건에서라고는 하지만 미친 듯이 공부해야 하는 건 어쩔 수 없다. 외교관의 자녀는 성장기에 그만큼 특별한 환경을 제공 받을 수밖에 없다. 우리가 어찌할 수 있는 일이 아닌 일에 공정과 공평을 들이대며 열불 낼 필요도 없다. 특별한 환경과 특혜를 받아서 더 잘한 그 '공부'라는 게 더 잘 외우고 더 잘 푸는 것 정도라는 것과 곧 인공 지능에 밀려서 아무런 의미가 없어질 거라는 걸 알기나 하면 좋을 텐데…. 앞으로 10년 안에 전 세계 대학의 절반이 사라진다고 하는데도 십 년 뒤에나 대학에 갈 나이의 아이들을 여전히 입시 경쟁에 내몰고 있는 엄마들은 무슨 생각을 하고 있는 걸까? 그런 것조차 돌아볼 여유도 사치로 만들어버린 무한 경쟁만을 추구하는 환경에서 이제 좀 벗어나자는 얘기다.

연애도, 결혼도, 출산도, 내 집 마련도 모든 것을 포기하고 살 이유가 없다. 그 모든 것을 다 가져야 한다. 그래서 자신이 진짜 좋아하는 게 뭔지 이제부터라도 알아보자. 만약 좋아하는 게 뭔지

도저히 모르겠다면 그냥 단순히 하고 싶은 거라도 찾아보자.

그냥 '다 필요 없고 돈이나 많이 벌고 싶다'면 아무거나 시작해라. 어떻게 시작하냐고? 그게 뭐든 그냥 하나만, 하나만 제대로 하기로 마음먹고 시작하면 된다. 그렇게 시작해 보면 이게 좋아하는 일인지 아닌지 알 수 있다. 재미있거나 없거나. 좋아하는 일이 아니라고 판단되면 그만두면 된다. 그게 쉬우냐고?

앞서 계속 언급했지만 돈을 들이지 않으면 그만두기는 아주 쉽다. 반대로 돈을 많이 들인다면? 그럼 그만두기 어렵다. 투자 비용이 있는데도 그만둔다는 것은 기회비용을 손실로 확정하는 것이기 때문에 그 순간 여러 가지 생각이 들게 마련이다. 보통 만감이 교차한다고 표현한다. 여러 사람 얼굴이 계속 떠오른다. 그런데도 있는 돈 없는 돈 다 끌어다 몰방했다? 그럼… 정말 참혹해진다. 지겹겠지만 귀에 아니 눈에 딱지가 앉도록 반복하는 얘기다. 돈은 창업을 준비하는 자에게 최대의 적이자 걸림돌이다. 그러니 부디 돈 없이 좋아하는 일로 즐겁게 아마추어로서 창업해라.

무한한 가능성을 가진
창업의 기술

창업에서 무한에 대한 개념을 정리하고 시작하는 게 좋겠다. 우리는 무한에 대해 생각해 본 적이 별로 없다. 무한하다는 것은 끝이 없다는 것이다. 한계를 정하고 사는 우리는 대부분 무한에 무감각하다. 무한은 무한하기 때문이다.

이게 말이 되나? 심각하게 생각할 필요 없다. 한 번 보자. 인간이 반복되지 않는 무한소수인 무리수에 이름을 붙인 것은 파이(원주율)가 거의 유일하다고 할 수 있다. 파이라 부르기로 정한 3.1415926으로 시작되는 무리수의 754번째 숫자를 6(인지 아닌지 모른다)에서 2로 바꾸면 그것은 파이가 아닌 다른 이름 없는 무리수가 된다. 그것이 25번 째건, 356번 째건, 5,678번 째건 어떤 위치에 있거나 마찬가지다. 그 어떤 자리든 하나의 숫자만 바뀌어도 그것은 우리가 이름을 정한 그 '파이'가 아니다. 그 모든 무리수는 정해진 이름은 없지만, 각각 다른 무리수라는 것은 틀림없다. 그것이 무한을 가장 쉽게 이해할 수 있는 사례 중 하나라고 할 수 있겠다. 충분히 복잡한가?

무한은 이렇듯 무한한 것이다. 같지 않음에 대한 이해도 되리라 생각한다. 이 무한에 대한 감각을 창업에 적용하면 어떻게 될까?

우리가 적용할 수 있는 창업의 종류나 확산성은 무한에 가깝다고 할 수 있다. 무한이면 무한이지 가까운 건 또 뭐냐? 무한에 가까운 것이 우리 삶에 어떤 의미가 있는 걸까?

유한한 생명을 가진 우리가 무한할 필요가 없다. 불가능하다. 우리가 평생 완벽하게 자유로운 삶을 살기 원한다면 무한은 필요하지 않다. 그저 충분한 여유로움과 풍족함이 있으면 되는데, 그것이 바로 무한이다. 평생 써도 없어지지 않을 것 같은 재산이 필요하다. 그것이 무한이다.

그러면 얼마를 모아야 할까? 1조? 100조? 그게 정말 필요할까? 그 돈을 모으는 게 가능은 할까? 죽을 때까지 그 돈을 모으기만 하는 것이 무슨 의미가 있을까? 의미 없다. 주변에서 얼마를 모을 때까지 악착같이 살아야 한다고 하는 경우다. 그게 천만 원일 수도 있고, 1억 원일 수도 있고, 10억 원일 수도 있다. 그러나 그건 우리가 추구해야 하는 방향과 전혀 맞지 않는다. 우리가 추구해야 하는 방향은 평생 써도 없어지지 않을 돈이 끊임없이 계속해서 생기는, 마르지 않는 샘물 같은 방식이어야 한다. 화수분(재물이 계속 나오는 보물단지)이어야 한다. 우리는 화수분을 만드는 창업을 해야 한다. 황금알을 낳는 거위를 창조하자.

　무한한 창업의 전제 조건은 앞서 언급한 모든 것들을 녹여내는 것이다. 가볍게 구석진 곳에서 혹은 무자본으로 즐거운 놀이처럼 시작하는 것이다. 오직 하나만 제대로 하는 것이다. 그리고 그 제대로 하는 상품을 한정 판매하는 것이다. 시간과 수량으로 제한하거나 대상을 제한하는 방식이어야 한다. 그것은 더 적게 일하고 더 많이 버는 방식에 기초하는 창업이어야 한다.

　하루에 4시간만 영업하거나 일주일에 3일만 영업하거나 하루에 50개만 판다거나 특정 대상에게만 판매하는 전략을 수립하는 것이다. 그러면 무한(?)한 확장성이 생긴다. 결국 일주일에 하루밖에 일하지 않고도, 한 달에 하루만 일하면서도, 혹은 일 년에 하루만 일하면서도 평생 쓸 돈을 계속해서 벌 수도 있다. 화수분이 될 수 있다. 황금알을 낳는 거위가 된다.

　이게 무슨 네트워크 마케팅의 최정점에 있는 창업주도 아닌데 가능할까 의심할 수 있다. 맞다. 바로 네트워크 사업의 창시자가 되는 것이다. 모두가 사업권을 받기 위해 줄 서는 창업이 되어야 한다. 그 줄 서는 모두도 전혀 다른 무한의 개념으로 접근해 보자. 고작 백 명으로도 충분할 수도 있고, 천 명이 필요할 수도 있다. 만 명, 십만 명, 백만 명이 필요한 것이 아니다. 내게 충분한 고객 그 이상이면 그게 무한이 된다. 그리고 또 얼마든지 다른 사업을 시작하면 되기 때문이다. 정말 할 수 있는 사업은 각자의 상황과 성향에 맞춰서 무한하게 많다. 그것이 무한의 새로운 개념이다. 내가 충분히 쓰면서도 계속해서 생겨나는 화수분이 무한이다. 매일 황금알을 하나씩만 낳는 거위가 무한이다.

하루에 1억 원을 쓰고 10억 원을 쓰는 삶은 모르겠다. 그건 알아서 해라. 하지만 누구든 하루에 백 끼를 먹지 않고, 잠을 자기 위해 한 몸 누이는 자리가 백 평이 되지 않으며, 한 번에 백 벌의 옷을 입을 수 없고, 동시에 백 대의 차를 탈 수 없는 것이니 많은 돈이 한꺼번에 필요한 것이 아니다. 끊임없이 수익이 생기는 시스템을 만들면 된다.

프로슈머라는 이름으로 소비하면서 수익을 얻는 사업자가 되는 방식으로 우리에게 잘 알려진 암웨이나 유니시티, 허벌라이프 등을 비롯한 수많은 네트워크 마케팅 사업이 있다. 그 안에서 사업자로 활동하는 것은 가격 결정권이 없는 상품을 파는 대체 가능한 사람이 되는 것이고, 그것은 경쟁한다는 뜻이다. 더 잘하고 더 못하는 우열에 따라 성공 여부가 갈리는 치열한 전쟁터다. 하지만 아무것도 가진 것 없는 평범한 우리는 경쟁하는 방식을 택하면 질 것이 뻔하다. 그래서 경쟁하는 방식을 피해서 자신만의 독점 사업을 구축하고 자유로운 삶을 살기로 했기 때문에 기존의 네트워크 마케팅 사업은 바람직한 방향은 아니다. 우리는 경쟁에 취약한 사람들이기 때문이다. 모든 상품에 가격 결정권을 가지고 대체 불가능한 사업을 하는 방식이어야 한다. 우리가 정하는 상품의 가격은 원가와 마진을 고려하지 않는다. 오직 고객이 받은 감동의 크기만이 가격을 결정하는 유일한 기준이다.

혼자서 시작하고 서서히 성장하고 커가는 방식을 택한다. 더 많은 사람이 더 멀리서 찾아오면 누군가에게 전수하고 확산시켜야 한다. 그리고 반드시 글로 쓰고 책으로 펴내서 많은 예비 창업자들이나 도움이 필요한 사람들에게 전달될 수 있도록 해야 한다. 그리고 그 내용을 기반으로 온·오프라인에서 강의하고 팬덤을 형성하면 된다. 추종 세력은 언제나 큰 힘이 된다.

나와 비슷하거나 똑같은 상품을 파는 사업자가 있다고 해서 주춤거릴 필요도 없다. 파이의 몇 번째 숫자가 다르면 전혀 다른 무리수가 되는 것처럼 자신만의 철학을 구축한 사업으로 성장시켜 나가면 된다. 굳이 상표 등록이나 특허 출원 같은 노력을 할 필요도 없다. 같은 이름의 돈가스를 팔고, 같은 이름의 영어 교습법을 알려주고, 같은 이름의 무언가를 판다고 하더라도 결코 같은 상품일 수 없다. 그래서 경쟁하거나 경쟁 상대로 의식할 필요도 없다. 왜냐하면 창업자의 성향과 철학과 가치가 다르기 때문이다. 그래서 무한에 대한 감각을 익힐 필요가 있다.

무엇을 팔든 각자의 방식으로 각자의 철학을 더 공고히 지켜나가면 자신만의 독점 사업이 된다. 그러기 위해서는 한가지 사업에는 오직 하나만 해야 한다. 다른 것도 하고 싶으면 다른 사업을 별도로 진행하는 방식이어야 한다. 영어도 하고 수학도 하는 것이 아니라 영어 하나만 제대로 하는 사업을 하고, 수학은 또 다른 사업으로서 수학 하나만 제대로 하는 방식이면 된다. 불고기 정식만 팔면서 동태탕도 하고 싶으면 완전히 별개의 사업장에서 따로 운영하는 것이 맞다. 그런데 굳이 그런 짓을 할 이유가 없다. 더 많이 일해야 하기 때문이다. 힘들기 때문이다. 그리고 오직 고객을 감동시키는 데만 집중하면 된다. 그 감동의 크기가 상품의 가격이 된다는 것을 깊숙이 받아들이고 그 본질에 집중하면 된다. 그것이 무한 창업의 본질이다.

대부분의 창업자가 본질보다 비본질에 집중하고, 많은 돈을 투자하고 투자금의 회수에 신경 쓴다. 그렇게 다 망해간다. 명심하자. 본질은 비본질의 백 배보다 중요하다는 사실을. 상권과 인테리어와 규모와 스펙에 집중하면 아무것도 이룰 수 없다. 우리가 추구하는 무한한 확장에 전혀 이를 수 없다. 무한에 대한 개념에 익숙해지길 바란다. 그러면 이제 돈 한 푼 없이 시작하는 무한한 창업의 전략을 한 번 살펴보자

무일푼으로
시작하는
무한한 창업 전략

세상 어떤 것도 빌려줄 수 있다

임대업은 무언가를 빌려주는 것이다. 그럼 창업자가 무언가를 소유해야 하는 것일까? 그 생각의 한계를 벗어던져 버리자. 꼭 내가 소유한 것만 빌려줄 수 있다는 고정 관념을 버리자. 우리는 아무것도 가지지 않았지만 사실은 모든 것을 가졌다고 생각해 보자. 어떤 것이 있을까? 저 아름다운 자연의 진짜 주인은 누굴까? 온 산과 들을 수놓은 듯한 철쭉과 진달래의 주인은 누구일까? 단풍의 주인은? 눈꽃은? 은하수는? 모든 것을 삼킬 것 같은 저 높은 파도는? 저것들을 모두 우리는 빌려줄 수 있고 팔 수도 있다. 앞서 여행을 좋아하는 사람이 할 수 있는 창업과 비슷한 것이다. 자연을 빌려주는 사업을 할 수 있다. 이렇게 실제로 우리는 임대업을 할 수 있다.

세상에 임대업을 하는 사람은 무수히 많다. 아파트, 빌라, 상가, 토지, 주택 등을 임대한다. 매매라고 못하라는 법도 없다. 굳이 자격증에 얽매일 필요도 없다. 진짜 임대업을 할 생각만 있으면 그런 것들은 중요한 것이 아니다. 본질이 아니라는 얘기다. 그럼 본질은 뭘까? 어떤 것을 빌려줄 것인가에 대한 생각에 집중하는 것이다. 그 어떤 것을 어떻게 하면 더 임대나 매매 물건으로 잘 확보하고 필요한 사람들을 찾아 실제 거래로 성사시킬 수 있을 것인가가 중요한 것이다.

무엇을 빌려줄까?

내가 사는 숙소에 남는 방이 있다면 빌려줄 수도 있다. 내가 며칠 비운 사이 집을 빌려줄 수도 있다. 에어비앤비는 그렇게 세상에서 가장 거대한 숙박업이 되었다. 남의 집 빌려주고 자기들이 돈 번 거다. 세상에서 제일 멋진 임대업이 되었다.

우리는 왜 할 수 없을까? 또 임대업을 하려면 공인중개사 자격증이 필요할까? 그렇게 자격증부터 준비하는 사람들이 대부분이라 참 다행이라는 생각이 든다. 우리는 마음만 먹으면 아무것도 없이 언제든지 시작할 수 있으니 말이다. 자신의 SNS 계정에 알려보자. 방 빌려 준다고. 사업이 시작된다. 월세를 벌 수 있다.

내가 쓰는 사무실에 공간이 있다면 책상 하나 놓고 빌려줄 수도 있다. 보증금도 필요 없고 그냥 월세만 받으면 된다. 십만 원도 좋고 이십만 원도 좋다. 평일만 빌려 주는 조건도 좋다. 주말에만 쓰고 싶은 사람도 있다. 새벽에만 쓰고 싶은 사람도 있을 수 있고, 저녁에만 쓰고 싶은 사람, 심야에만 쓰고 싶은 사람이 있다. 일주일 단위로 빌려줘도 좋고 월 단위로 빌려줘도 좋다. 어떤 식으로든 분할 임대가 가능하다.

사무실이 없다면 그런 사람을 찾아서 연결해 주면 된다. 주변에 개인 사무실을 가진 사람이 있다면 제안해 보자. 빈자리 임대하라고. 그리고 수수료를 받으면 된다. 그에게 계속 고객을 연결해 주는 사업이 오피스 임대 사업이다. 이렇게 임대 사업을 시작하는 사람은 어떻게 준비해야 할까? 자신을 알리는 노력을 지속적으로 해야 한다. 그리고 그런 사무실을 계속 찾아다니면 된다. 개인 사무실이 주로 위치하는 곳이 어딘지 알아보자. 거주지 주변부터 물색하고 영업하자. 빈자리 임대하시라고. 사업자들 입장에서 굳이 마다할 이유가 없는 제안이다. 가뜩이나 어려운 상황에 월세 부담이 줄어들기 때문이다. 자신의 임대 사업을 주변 사람들에게 떠들고 다니면서 물건을 많이 확보하면 할수록 수요의 다양성을 만족시키기는 점점 더 쉬워진다. 그리고 돈 없이 임대업 하는 법에 대한 강의를 개설하면 된다.

공유 경제 시대다. 모든 것을 공유한다. 오피스 공간도 공유하는 시대다. 수많은 비즈니스 센터가 생기고 있다. 그들처럼 시작하려다가는, 물론 시작하기도 어렵겠지만 결국 모든 것을 잃게 된다. 그들은 그들의 길을 가게 두고 우린 우리의 길을 가자.

이 일을 하면서 자신만의 독점 사업으로 만드는 데 얼마나 걸릴까? 그동안은 뭘 먹고 살아야 할까? 모아 둔 돈으로 생활비를 하든지 그 돈마저 없으면 앞서 얘기한 것처럼 다른 일로 벌면 된다. 또 무엇을 임대할 수 있을까? 역시 내 돈은 한 푼도 들지 않는 임대 사업이어야 한다. 그럼 어떻게 접근해야 할까?

빌리고 싶은 사람과 빌려주고 싶은 사람이 어디 있을지 찾아야 한다. 생각해보자. 얼마나 많은 사람이 무언가를 구입할 능력은 안 되니 빌려야 하는지. 그런 연장선상에서 고민하다 보면 매매업도 가능하다. 무엇이든 팔 수 있다. 전혀 어렵지 않다.

비싼 물건으로 한번 눈을 돌려보자. 펜트하우스, 호텔의 스위트룸이다. 수요자와 공급자가 누구일까? 공급자는 항상 공실 없이 임대하길 원한다. 그리고 일반 수요자에게는 꿈같은 일이기도 하다. 왕과 왕비의 체험을 하는 기회가 되지 않을까? 그럼 어떻게 시작해야 할까? 일단 펜트하우스든 호텔이든 찾아가서 영업 조건에 대한 협상을 한다. 공급가액과 수수료를 협상할 수 있다. 공급자 입장에선 마다할 이유가 없다. 자신의 상품을 알아서 영업하고 팔아준다는데 누가 마다하겠는가? 그리고 그 호화로운 방의 숙박권을 구입할 수 있는 수요자를 찾아야 한다.

그런 방을 내 돈 주고 가기는 어렵다. 선물이라도 받는다면 모를까. 그러면 그런 선물을 줄 수 있는 능력자는 누굴까? 기업이다. 기업은 비즈니스 파트너나 주요 고객에게 품격있는 선물을 제공하려 한다. 기업의 주요 고객을 대상으로 제공할 수 있는 숙박권을 판매하는 것이다.

호텔과 기업의 문을 누가 두드릴 수 있을까? 어떻게 그들을 설득할 수 있을 것인가?

그것은 용기 있는 자만이 가능하다. 그럼 그 용기는 어디서 나올까? 결핍이다. 절실함과 절망감이 용기를 낼 수 있게 해준다. 그래서 결핍은 축복이다. 아무것도 가진 것 없는 당신이 단지 용기만 낼 수 있다면 거대한 임대 사업자가 될 수 있다. 안다. 그 용기 내는 거 어렵다. 그럼에도 불구하고 내야 하는 건 돈을 벌어야 한다는 절박함과 단지 하기만 하면 된다는 희망이 있기 때문이다. 아무도 하지 않을 것이기 때문에 하기만 하면 전문가가 될 수 있다. 해보면 안다. 어떤 문제가 있는지, 어떻게 개선해야 하는지. 해보지 않고 고민만 하면 절대 알 수 없다.

스위트룸 임대 전문가가 되어 보자. 호텔과 기업에서 영업을 부탁하는 플랫폼이 되어 보자. 상상만 해도 즐겁지 않은가? 그런데 공인중개사 자격증부터 취득하겠다는 생각을 할 필요가 있을까? 전혀 필요 없다. 진짜 전문가는 오직 그 일을 하기 위한 중심 가치만 세우면 되기 때문이다. 누군가 하고 있다고 해서 머뭇거릴 필요도 없다. 무한한 가능성을 잊지 마라.

또 무엇을 임대할 수 있을까?

전국에 점점 폐교가 늘어간다. 학생이 없기 때문이다. 초등학교부터 대학교까지 넘쳐난다. 그런 폐교를 활용하려는 움직임은 워낙 많다. 매매와 임대의 한계를 벗어나면 할 수 있는 방향성은 무궁무진하다. 전국의 폐교 계획이나 현황을 파악하고 관할 교육청에 연락하거나 방문해서 폐교의 임대나 매매 계획을 조사하는 것으로 시작하면 된다. 안 되는 이유만 찾으며 해보지도 않고 고민만 하면 절대 문제점과 해결 방법을 찾을 수 없다.

역시 수요자와 공급자를 찾아보자. 각자의 요구에 부합하는 상품을 고민하는 것만으로도 충분히 폐교 임대 전문가가 될 수 있다. 아무것도 걱정할 필요 없다. 일단 시작하면 된다. 누군가가 구축해 놓은 거대한 시스템에 주눅 들 필요 없다. 언제나 무한한 가능성이 존재한다.

전국에 널려 있는 무인도를 찾아보자. 무인도를 빌려주는 사업도 할 수 있다. 이미 누군가는 하고 있고 당신도 할 수 있다. 똑같은 형태의 사업을 하더라도 전혀 다른 사업이 될 수 있다. 그것이 즐겁기만 하다면 당신만의 특별한 사업이 될 수 있다.

무인도를 체험하는 사업을 하는 사업가도 있다. 영화에서나 보던 표류기를 직접 체험하면서 생존 연습을 할 수도 있다. 소원했던 아빠와 아들, 엄마와 딸 등의 가족 간 화해를 목적으로 운영할 수도 있다. 어떤 콘텐츠를 입히느냐에 따라 창업의 방향성은 무궁무진하다. 무인도의 진짜 주인은 누구일까? 사업을 시작해 보지 않으면 어떤 것도 알 수 없다. 무인도 임대 전문가가 되어보자.

전국에 널려 있는 무언가를 찾아서 빌려주는 것이 당신의 사업이 될 수 있다. 그 무엇을 빌려주고 팔아보자. 그것이 자연이든 물건이든 공간이든 상관없다. 그 모든 것은 당신의 것이다. 그 모든 것을 빌려주고 파는데 자격 같은 건 필요 없다. 오직 필요한 스펙은 용기뿐이다. 아무것도 가진 것 없는 평범한 당신에게 용기마저 없다면 이제 그 용기를 가져보자. 그게 대단히 어려운 일이 아니라는 것을 일단 한번 해보면 안다. 해야 하는 이유를 찾아보자. 절박함과 결핍은 용기를 얻는데 핵심 동력이 될 수 있다.

음식점업:
100개만 팔아야 100만 개가 팔리는 비밀

정말 많다. 온통 음식점이다. 자영업 시장의 약 20%를 차지하는 것이 요식업종이다. 80만이라고 한다. 정말 어마무시한 시장이다. 하지만 우리가 보고 먹는 그 모든 음식점은 많은 돈을 들여서 시작했고 대부분 절박한 상황으로 치닫고 있다. 돈으로 시작해 경쟁하는 방식을 택했기 때문이다. 그들의 실패는 대부분 실패로 끝난다. 다시 일어설 여력이 없기 때문이다. 그래서 우린 돈 없이 시작하고 경쟁하지 않는 방식을 추구해야 한다. 무한한 가능성에 도전하자. 그래야 실패해도 아프지 않고, 그 실패가 성장의 도구가 된다.

　돈 없이 시작할 수 있는 음식점이 있을까? 가게도 없이 뭘 팔 수 있을까?

집에서 김밥을 잘 말아서 출근길 지하철역 앞에서 팔아보자. 그 김밥을 어떻게 말아야 할 것인지에 대한 얘기만 간단히 보자. 오직 한 가지 맛의 김밥을 감동을 줄 수 있을 만큼만 말아보자. 항상 일정한 맛이어야 하고 비싼 김밥이어야 한다. 길거리 김밥이라고 싸게 팔 생각하면 안 된다. 원가를 생각할 필요도 없다. 처음엔 열 줄에서 시작해 서른 줄, 오십 줄까지 팔아보자. 고정 고객이 생기면 된다.

판매 시간은 점점 단축된다. 준비하는 시간도 점점 단축된다. 그 지점까지 가는 데 얼마나 걸릴까? 최소 3개월에서 6개월 정도를 생각해야 한다. 더 빠를 수도 있겠다. 개인차는 있을 수밖에 없으니까. 한 번도 못 먹은 사람은 있어도, 한 번만 먹은 사람은 없는 김밥이 되면 된다. 그것은 쉽게 생각할 일은 아니다. 한 번도 해본 적 없던 일을 한다는 것은 그만큼의 노력이 필요하다. 돈이 들지 않는 만큼 시간과 노력이 필요한 것이다. 그렇다고 돈을 쓴다고 해서 그 성장하는 시간과 노력이 필요 없는 것이 아니기 때문에 역시 돈은 쓰지 않는 것이 맞다.

같은 방식으로 샌드위치나 식사 대용의 먹거리를 만들어서 팔아보면 된다. 그러면 판로를 좀 더 다양화할 수도 있다. 주변의 카페를 대상으로 영업을 하자. 테스트할 수 있는 기회를 얻고 반응이 좋으면 하루 열 개만 납품하자. 한정 수량이어야 한다. 잘 팔린다고 계속 수량을 늘리다가는 오래 못 간다. 카페 입장에서도 매일 번거롭게 준비해야 하는 디저트류를 신경 안 써도 되고 좋다.

품질 좋은 거래처를 확보할 수 있어서 그에게도 득이 된다. 시그니처 메뉴가 될 수도 있다. 그렇게 몇 군데의 거래처만 확보하면 파급 효과는 더 빠를 수도 있다. 그렇게 계속 퍼져나가도 되고 그렇게 모은 돈으로 인적도 없이 구석진 곳에 작은 가게를 얻어서 새롭게 시작할 수도 있다. 선택은 언제나 본인이 편하고 즐거운 방향이라는 기준만 세워두자.

그럼 이제 인적도 없이 구석진 곳에서 거점 사업을 한 번 해보자. 김밥 팔아 번 돈도 좋고, 막노동을 하거나 편의점에서 아르바이트해서 번 돈도 좋다. 몇백만 원이 준비된다면 한번 시작해 보자.

구석진 곳에서 팔고 싶은 뭔가를 팔 수 있을 만큼의 공간과 설비가 갖춰진 곳을 찾아보자. 경기가 어려워지고 있으니 한동안 문 닫고 폐업한 변두리의 식당을 한 번 찾아보자. 보증금 5백만 원에 월세 30만 원, 권리금은 없다. 보증금은 벌어서 할부로 갚는 조건도 제시해보자. 협상의 기술이 필요할 때다. 이 역시 아주 작은 용기만 있으면 된다. 밑져야 본전이다.

깨끗하게 청소를 하자. 페인트를 칠하고 밝은 조명을 몇 개 달자. 가장 간단하고, 준비 시간도 짧고, 잘할 수 있을 것 같고, 회전율도 높을 만한 메뉴를 한번 고민해 보자.

무한한 창업으로 확산시키기 위해 반드시 지켜야 할 몇 가지 조건이 있다. 가장 중요한 것은 오직 하나만 하는 것이다. 결정 장애가 있는 고객들이 선택할 기회 자체를 박탈하는 것이다. 이것이 그 모든 출발점이다. 전 작作에 언급했던 덮밥, 비빔밥, 죽, 정식, 김밥 등이 제일 무난하겠다. 또 경험이 있거나 잘할 수 있는 게 있다면 면 종류의 음식도 좋겠다.

그럼 어떻게 시작할 것인가? 역시 마찬가지다. 그 하나를 제대로 하기 위한 노력이 필요하다. 다양한 종류의 고통을 견뎌야 하는 시간도 필요하다. 어떻게 하면 더 단순화하고 더 빨리 만들고 일정한 맛을 낼 수 있을지 고민하고 답을 찾아야 한다. 철저히 혼자 구석진 곳에서 시작하고 아무에게도 시작을 알리지 않아야 한다. 아무도 찾지 못할 곳이라고, 어디서 뭘 파는지 알려야겠다고 돈 들여 홍보할 생각 하면 안 된다. 내 이름으로 나오는 모든 글과 책에 지겹도록 계속 하는 말이다.

두 번째로 지켜야 할 중요한 조건은 오랫동안 영업하지 않는 것이다. 하루에 두 시간만 영업한다. 점심만 한다. 저녁만 한다. 그러려면 회전율이 매우 높아야 한다. 그러니 너무 뜨겁거나 테이블에서 끓이면서 먹는 방식은 안 된다. 음식이 나가면 10분 안에 먹고 나가거나 포장해 가는 방식이 좋다. 그러려면 또 주문받고 준비하는 시간이 길어서는 안 된다. 주문은 손님 수다. 무엇을 먹을까가 아니라 몇 명이 먹느냐를 정하는 것이 유일한 주문이다. 메뉴판이 없기 때문에 들어오는 대로 선결제 받고 바로 음식이 나가면 된다. 처음엔 서툴겠지만 익숙해지고 줄 서는 고객이 생기면 오픈과 동시에 계속 만들기만 하면 된다. 주문받아 만드는 게 아니라 계속 만들면 오는 대로 앉아서 먹고 가는 시스템이 된다. 명심하자. 오직 하나만 제대로 해야 가능한 시스템이다.

그럼 여기서 세 번째 전략이다. 시간의 한정과 함께 수량의 제한이다. 김밥처럼 처음엔 스무 개, 서른 개에서 하루에 백 개만 파는 방식을 고수하면 된다. 테이크 아웃과 병행하면 아주 짧은 시간에 백 개의 상품을 팔고 정리하면 된다. 그리고 추가적으로 영업일 수를 제한하는 전략을 실행할 수 있다. 일주일에 3일만 영업한다. 도저히 수긍이 안 되는 설정이다. 하지만 이해하게 될 것이다. 왜 그래야만 하는지.

점심시간 동안 오직 하나의 메뉴만을 딱 백 개만 파는데, 심지어 비싸기까지 한 특별한 식당이 되면 어떤 일이 생길까?

일단 기본적으로 대기 줄이 생긴다. 점점 첫 번째 고객이 대기하는 시간이 앞당겨지는 경험을 하게 된다. 그리고 점점 더 멀리서 오게 된다. 팬이 생기고 전수 창업을 희망하는 사람이 생긴다. 그에게 전수해 주고 비용을 받아라. 그에게 또 다른 누군가에게 전수할 권한까지 줘라. 그래서 비싸게 받아도 좋다. 혹은 누군가가 배우지 않고도 알아서 따라 할 수도 있다. 그래서 많은 창업자가 상표 등록도 하고 특허 출원도 하는데 그런 짓 하지 마라. 그들은 당신만의 가치를 절대 따라 할 수 없다. 그들 나름의 방식대로 또 다른 창업을 한 것뿐이다. 누군가 당신 가게 바로 앞에 꼭 같은 가게를 차렸다고 해서 슬퍼하거나 분노할 필요 없다. 오히려 기뻐

할 일이다. 그는 결코 당신의 가치를 따라 할 수 없다. 그들은 처음부터 하나만 더 단순하고 빠르고 일정하게 만드는 방법을 고민하고 성장하는 과정을 거치지 않았기 때문이다. 시간이 걸리기 때문이다. 그래서 당신 바로 앞에서는 그는 성장할 기회조차 박탈당하게 된다. 당신의 음식에 길든 고객들은 아무도 그에게 가지 않기 때문이다. 그 경쟁자가 더 크고 더 싸고 더 다양한 프랜차이즈 매장이라면 위로라도 해줘라. 누가 매일 그 음식을 먹느냐고 볼멘소리할 필요도 없다. 매일 먹을 수 있는 기회조차 누리기 어렵기 때문이다. 아무리 좋은 음식이라도 매일 몇 시간씩 기다려 먹을 수는 없기 때문이다. 못 먹어 본 다른 사람에게 양보해 주는 것이 맞다.

백종원의 '골목식당'에 출연한 '연돈'이라는 돈가스 집이 좋은 사례가 되겠지만 또 좋지 않은 사례다. 김 사장님은 23가지의 메뉴에서 2개로 줄이면서 엄청난 유명세를 치르고 있다. 지난 여름 방학 때는 전날 저녁 8시에 첫 고객이 대기를 하고, 백 번째 돈가스는 새벽 3시에 온 사람이 마지막으로 먹을 수 있을 정도로 인기가 많다. 그의 돈가스를 먹은 사람들은 모두 엄청난 감동을 받는다. 무려 13시간을 기다려서 먹으면서 행복하다고 느낀다. 그것도 무려 7~8천 원에 불과한 돈가스다. 어디 가서 1만 원을 넘게 주고 먹어도 맛이 없다고 느낀 경우가 허다하다고 보면 놀라운 가격과 품질이다. 만약 그가 처음부터 돈가스 딱 하나만 제대로 했더라면 지금처럼 엄청난 인파가 몰리지는 않았겠지만, 지금처럼 하루에 백 개만 파는 것은 전혀 어렵지 않았을 것이다.

하루에 백 개만 파는 것에 초점을 맞춘다. 줄 섰다가 못 먹은 사람이 5명이든 100명이든 애초에 준비한 백 개를 소진한 이후의 고객의 수는 전혀 중요하지 않다. 백 개를 넘기는 사람은 그저 무한일 뿐이다. 그리고 가격도 지금보다 훨씬 더 비싸게 받을 수 있었을 테지만 애초에 그는 그런 생각 자체를 할 수가 없었다. 몇 번의 실패 끝에 다른 어떤 무리한 시도도 하고 싶지 않은 너무나 평범한 창업자였기 때문이다. 너무 많은 것을 잃었기 때문에 더는 잃고 싶지 않았기 때문이다. 그래서 고객들이 찾을 만한 23가지나 되는 많은 메뉴를 준비했고, 재료 관리가 힘들었고, 매출이 좋지 않았고, 그래서 힘들었다. 그는 골목 식당이라는 늪에 빠져서 엄청난 고통(마진 없는 장사와 주변의 시기와 질투)에 시달리다 제주도로 이사까지 하고 재료와 맛도 업그레이드했지만, 그에 걸맞은 가격을 올리지도 못하고 확산도 못 하고 있다. 너무 싸게 팔기 때문에 전수창업을 희망하는 사람이 별로 없다. 애초에 다르게 시작했더라면 그 좁은 주방에서 훨씬 빨리 벗어날 수 있을지도 모른다. 그래서 애초에 다르게 시작하는 것이 너무나 중요하다. 완벽하게 자유로운 삶을 위해서. 이것은 사례에 불과하지만 모든 창업자가 얼마든지 도전해 볼 가치가 충분한 전략이다.

모두가 가려는 그 길을 가고자 한다면, 치열한 경쟁을 각오하고 시작하겠다면 오래지 않아 망하게 될 것이라는 각오도 해야 한다. 우리가 속한 모든 그룹에는 계급과 차별이 있다. 그것이 정보와 기술이 될 수도 있고, 돈일 수도 있다. 더 잘하고 못하는 개인차는 반드시 존재한다. 돈 없고 평범한 우리는 그들과 같은 방식으로는 그 격차를 극복하기 어렵다. 그 모든 불평등과 우열을 극복하는 유일한 방법은 다르게 시작하는 것뿐이다. 그러면 놀라운 결과를 만날 수 있다.

바로 하루에 백 개만 팔아서 하루에 백만 개를 파는 사업의 주인공이 되는 것이다. 그러려면 앞서 언급한 모든 전략을 지켜야 한다. 오직 하나만 한정 판매하는 것이다. 하나라도 어기면 전혀 그럴 것 같지 않지만 결국 망한다. 망하기까지의 기간이 조금 더 길거나 짧을 뿐이다.

장사가 잘되니까 돈을 좀 더 벌고 싶어서 하루에 2백 개나 그 이상을 팔려면 더 오래 일해야 한다. 그러면 매출의 기복이 생기기 마련이고, 재고 관리가 어려워진다. 로스가 생긴다. 그리고 가장 중요한 것은 지치게 된다. 하루에 열두 시간 이상씩 매일 일하면 돈 버는 재미 말고는 아무 재미도 없다. 돈 버는 재미는 마약 같아서 그 끝에 가지 않고서는 멈추기 어렵다. 그 끝은 모든 것을 잃고 난 후다. 가족, 건강, 돈.

영업시간은 두 시간에 불과하지만, 앞뒤로 준비하고 마무리하는 시간을 생각하면 하루 여덟 시간은 꼬박 일한다고 봐야 한다. 그조차도 4시간으로 줄일 방법을 끊임없이 고민해야 한다. 그런데 인기 좀 있다고 더 벌고 싶어서 손님이 끊어질 때까지 만들어 팔고 더 오랫동안 일하면 결국 지치고, 상품에 나타나고, 고객이 알게 되고, 줄은 서서히 사라진다. 이 모든 것이 작은 욕심으로 생기는 일들이다.

중심 상권에서 시작하면 하루에 백 개만 팔고, 일주일에 3일만 일하면 한 달에 벌 수 있는 돈이 얼마 안 될 것 같으니 애초에 그런 설정 자체를 할 수 없다. 그것이 작은 욕심이다. 혹은 주말 이틀만 일하는 것도 좋다. 그러면 나머지 5일을 쉬면 임대료가 아깝다. 그래서 또 일한다. 그것이 작은 욕심이다. 애초에 임대료가 싼 곳에서 시작하면 그렇게 다양한 전략의 구사가 가능해진다. 그래서 가벼운 것이 좋다.

거대한 욕심을 가져야 한다. 붙박이 자영업을 평생 할 생각하면 안 된다. 하루 백 개를 일주일에 3일만 파는 식당이 되면 고객들은 안달이 난다. 휴가를 내고서라도 먹으러 오는 사람이 생긴다. 주차장도 없는 구석진 골목에 있는 식당인데도 불구하고 그런 일이 생긴다. 그러면 그 고객들만큼 전수를 받아 창업을 희망하는 사람들이 생기게 마련이다. 그들에게 비싼 돈을 받고 모든 노하우를 아낌없이 전수해주자. 그들에게 전수할 수 있는 권한까지 넘겨주자. 하지만 대부분 장사 좀 된다는 사장님들은 전수 창업보다 유통 창업을 원한다. 그것이 대부분의 프랜차이즈사업 방식이다. 계속 연결고리를 두고 빨대를 꽂아 두고 싶다. 그러나 모두가 그렇게 하는 것이 맞다고 생각하는 그 길은 가지 않는 게 좋다. 항상 끝이 안 좋다. 그렇게 열 명이든 백 명이든 전수해 주고 장사 그만하자.

더 큰 욕심을 부리자. 그렇게 당신의 상품이 전 세계로 퍼져 나갈 수도 있다. 그 모두를 당신이 다 가질 생각은 할 필요도 없다. 그저 당신이 창조한 당신의 상품이 하루에 백만 개씩 팔리고 있다고 생각하면 된다. 정말 가슴 벅차지 않나? 퍼지지 않아도 상관없다. 이미 돈은 충분히 벌었다. 그런데 그 돈을 다시 창업하는 데 쓰지는 않는다. 앞으로도 돈 없이 할 수 있는 일은 무한히 많기 때문이다. 그리고 창업은 해도 되고 안 해도 된다. 꾸준히 벌 수 있는 방법들을 알기 때문이다.

자 이제 충분히(?) 돈을 벌었다. 그럼 이제 그 돈을 멋지게 쓰는 즐거운 사업을 한 번 해보자.

그 얘긴 다음에….

전국의 수강생을 받는 학원

자, 이제 너무 흔한 학원 얘기 좀 해보자. 참 징글징글하게 복잡하고 처절한 입시 지옥이다. 그 교육 계급의 세습과 차별과 불평등에 대한 얘기는 지겨우니 그만하고 우리가 가야 할 길에만 집중하기로 하자.

정말 많은 학원이 있다. 어떤 학원은 입시와 무관한 것 같지만 결국 입시를 향한 과정에 불과한 경우가 대부분이다. 앞으로 10년 안에 전 세계 대학의 절반이 사라진다 해도 학원업은 계속될 것이다. 그 학원장들 역시 경쟁하는 방식을 택하고 결국 돈 많이 들고 힘든 과정을 버텨내고 있다. 영어, 수학, 논술, 미술, 음악, 체육 관련 등 분야를 막론하고 모두 비슷한 상황이다.

첫째, 입지 조건이 비슷하다. 기본적으로 학교 앞이나 대규모 주거 단지 부근이 좋다고 생각한다. 모두가 원하는 곳은 당연히 임대료가 비싸다. 수업료는 어딜 가나 비슷한데 고정비가 비싸다. 수익률이 떨어질 수밖에 없다.

둘째, 수강생의 범위가 넓다. 초등부터 고등, 심지어 일반인까지 받고 싶어 한다. 그러니 교사의 고용 범위가 넓고, 모두 고용할 수 없으니 분야별 전문성이 떨어지며 수강생의 신청 상황에 따라 고용이 불안정하다. 좋은 교사를 채용하기 어렵고 꼭 필요한 양질의 수업이 될 리가 없다. 악순환이 반복된다. 그러면 큰돈 들여 시작한 사업이 고달프다. 전혀 원하지 않는 상황이 너무나 당연히 발생한다.

셋째, 그러다 보니 비슷한 과목을 가르치는 학원들의 수강생 유치 경쟁이 치열하다. 서비스와 가격 경쟁이다. 또다시 수익성이 악화된다.

무슨 사업이든 사업자가 할인을 남발하면 무조건 망한다. 세무와 회계에 관한 지식이 전혀 없기 때문이다. 잘되는 곳은 할인할 이유가 없다. 오히려 더 비싸게 받아야 한다. 고객 입장에서 할인은 깎아주니까 고맙기는 하지만, 감동을 받지는 못한다. 그리고 할인에 길든 고객은 정상가에 구입을 망설이게 된다. 이것은 진상고객을 만나는 가장 빠른 길이기도 하다.

회복이 어려운 거래 관계를 애초에 만들면 안 된다. 어딜 가나 대동소이한 상황이다. 고만고만하다. 계속 제 살 뜯어 먹는 상황이 반복된다. 그중에 자본이 탄탄한 기업형 학원이 영세한 학원들의 고객(엄마)들을 잠식해 가고 있다. 그들과 싸울 이유가 없다. 이길 필요는 더더욱 없다.

그럼 우린 돈 한 푼 없이 누구와도 경쟁하지 않는 우리만의 놀라운 학원을 만들어 보자.

일단 기본적으로 우린 뭔가를 가르치고 싶으면 탄탄한 스펙을 갖춰야 한다고 생각한다. 유명 대학의 관련 학과를 졸업했거나 관련 업종에서 오랫동안 일했다거나 특정 분야의 입상 경력이 있다거나 하는 스펙을 내세워 학원을 차릴 생각을 많이 한다. 그런 선생을 채용하려고도 한다. 그리고 실제로 돈을 지급하는 엄마들의 눈높이도 딱 거기까지다. 거듭 말해왔지만 누군가의 선택을 받기 위한 모든 노력은 고단할 뿐이다. 우수하다는 것을 증명하기 위해 끊임없이 경쟁해야 하기 때문이다. 경쟁은 우리의 삶을 피폐하게 만드는 가장 근본적인 이유다. 그래서 아무것도 가진 것 없는 평범한 우리는 경쟁하는 방식을 피해야 한다. 스펙을 버려야 한다. 본인도, 채용하는 교사도.

우리는 새롭게 접근해야 한다. 최고의 전문가는 비전문가라는 사실을 상기하자. 아는 것이 많은 사람보다 알고 싶은 것이 많은 사람이 초보자를 가르치는 데는 더 뛰어난 기량을 발휘할 수 있다.

먼저 고민해야 할 것은 도대체 누구에게 무엇을 가르치고 싶은지, 어떤 감동을 주고 싶은지를 정하는 것이다. 영어를 가르치고 싶다면 몇 살이나 몇 학년에게 어떤 영어를 가르치고 싶은가를 정해야 한다. 수학도 미술도 음악도 마찬가지다. 나는 모든 과목에 대한 전문 지식이 없다. 그래서 구체적으로 어떻게 가르쳐야 한다는 얘길 해줄 수는 없다. 그건 하고 싶어 하는 각자가 알아서 고민해야 할 문제다. 나는 전략만을 제시해줄 뿐이다. 그런 나도 하고 싶다면 할 수 있겠지만 굳이 그런 일을 하고 싶지는 않다.

정한 타깃에 딱 맞는 실력이면 충분하다. 초등학교 1학년을 가르치는 데는 초등학교 2학년이 가장 좋은 선생이 될 수 있다. 대학교수가 가르치기는 어렵다. 굳이 그럴 필요가 없다. 비싸고 비효율적이기 때문이다.

예를 들면, 초등 저학년을 대상으로 영어 동화책 읽어주는 사업도 좋다. 우선 자신이 영어 동화책 읽는 것을 좋아하면 좋겠다. 그러려면 영어 동화책이 아이들의 성장에 어떤 좋은 점이 있는지 연구해야 한다. 직접 읽어보면서 느껴보고 구연도 해본다. 실제로 영어 동화책의 어휘는 상당히 풍부하다. 그리고 웃기기도 하고 기발하고 재밌다. 아이들의 상상력을 자극하는 데도 그만이다. 그리고 수준별로 레벨이 정해져 있어서 특정 연령대나 수준의 아이들에게 꼭 맞는 책을 고르는 것도 쉽다. 그 전반적인 내용으로 고객

(엄마)을 설득할 수 있는 자신만의 언어로 상품화시키기만 하면 된다. 초등 저학년 학생에게 영어 동화책을 읽어주는 사업을 시작하는 것은 그렇게 시작한다.

남자아이가 좋아하는 책과 여자아이가 좋아하는 책이 따로 있다. 공략 대상을 남아든 여아든 정하는 것도 좋다. 해보면 알 수 있다. 자신이 더 잘할 수 있는 대상이 누구인지. 차차 변화를 주면 된다. 그건 차후에 결정하기로 하고 일단 주변의 초등 저학년 엄마를 대상으로 영업하자. 아이의 수준과 성향을 파악하고 방문 일수와 비용을 정하고 가볍게 시작한다.

아무것도 없는 우리는 처음엔 방문 교습이 좋다. 그래서 굳이 학원을 차릴 이유가 없다. 재밌는 영어 동화책을 몇 권 사서 집에서 재밌게 읽는 연습을 한다. 그리고 아이가 재밌게 읽고 웃고 떠드는 동안 영어 동화책을 읽는 재미에 푹 빠지게 해주기만 하면 된다. 그러면 그 아이는 영어를 좋아하게 되고 잘할 수밖에 없다. 그렇게 입소문으로 몇 명의 고객을 더 확보하면 된다. 그리고 돈이 모이면 계속해서 재밌는 동화책을 구입한다. 그리고 열 명쯤 모였을 때 한군데에 모아서 운영하면 된다. 그리고 한 팀씩 늘려가면 된다.

주변의 한가한 학원에서 한가한 시간대에 교실을 임대하는 방식으로 운영해도 된다. 공간을 먼저 준비하는 것은 전혀 중요한 게 아니다. 아이들을 미치게 하는 것이 중요하다. 그 소문은 삽시간에 퍼진다. 당신은 아주 이른 시일 안에 영어 동화책 전문가가 될 것이다. 금액은 계속 비싸지고 아이들은 미쳐갈 것이다. 엄마들에겐 협상의 무기가 된다. "너 이거 안 하면 거기 안 보내줄 거야!" 잔인한 방법이지만 아이들은 기를 쓰고 해야 할 일을 한다. 하고 싶은 일을 하기 위해서 해야 할 일을 한다. 그러면 엄마들은 당신의 노예가 된다. 당신에겐 팬덤이 생기게 된다. 그러면 구석진 곳에 당신만의 학원을 마련하면 된다. 차량 운행도 성적 관리도 하지 마라. 오직 아이들을 영어 동화책에 미치게만 하면 된다. 그게 전부다. 얼마나 걸릴까? 1년 혹은 3년이 걸리면 긴 걸까? 다른 어떤 전문적인 일도 그렇게 짧은 시간 안에 자신만의 전문 영역을 구축할 수 없고, 아무리 오랜 시간이 걸린다 하더라도 결국 경쟁하고 있는 것에 비하면 1년에서 3년이라는 시간은 터무니없이 짧은 시간이다.

수학은 다를까? 수학을 어려워만 하는 아이들을 대상으로 재밌게 풀어나갈 방법을 찾으면 된다. 동화처럼 풀어내는 수학은 어려울까? 관심만 있다면 얼마든지 풀어낼 수 있는 문제다.

자, 그럼 학원 사업을 하기 위해 꼭 지켜야 할 중요한 원칙을 한 번 살펴보자.

첫째, 역시 단순화다. 특정 대상층을 정해야 한다. 모두를 가르칠 생각은 애초에 해선 안 된다. 딱 정해라. 초등 저학년, 고학년 혹은 6학년, 중1, 중2, 중3, 고1, 학년별로 딱 정하자. 남학생, 여학생, 우등생, 열등생 또는 꼴찌 이렇게 아주 구체적으로 정해야 한다. 그러면 그 아이들에게 딱 맞는 해법을 찾을 수 있다. 딱 그 아이들에게만 필요한 요구 사항이 있기 때문이다.

상급 학교의 진학을 앞둔 아이들은 꼭 그들에게 필요한 수업이 있을 수밖에 없다. 특정 과목이 부족하다거나 전체적인 진도가 밀려 있다거나 선행 학습이 필요하다거나 공부를 너무 못한다거나 최상위권이 되고 싶다거나 하는 필요를 채워줄 수 있는 구체적인 목표를 정해야 한다. 그러면 그 모든 것 중에 꼭 하나만 찍어서 전문가가 되면 된다.

필요한 특정 그룹을 모을 수만 있다면 굳이 직접 가르치지 않아도 된다. 필요에 따른 수업을 해줄 수 있는 사람은 또 얼마든지 있다. 입시 학원의 강사 시장은 생각보다 넓고, 개인 과외를 위해 전단지를 돌리는 사람도 생각보다 많다. 아이들을 가르치기 위해 굳이 그 모든 것을 갖추거나 갖추려고 노력할 필요가 없다. 모든 것은 임대가 가능하다는 것을 잊지 마라. 그들의 능력을 비용을 지불하고 빌리면 된다. 토요일 하루만 가르치는 데 백만 원을 준다고 하면 생각보다 좋은 선생을 구하기는 쉽다.

중학교 1학년에 진학하고 보니 초등학교 때 신경 쓰지 않았던 수학이 힘든 아이들이 있다. 한 달이 지나고 보니 자꾸 어려워지는 것 같다. 그 한 달의 진도를 하루 만에 가르쳐 주는 강의를 개설하면 된다. 이미 앞서 설명한 방식으로 한 명 한 명 모아서 아이들을 가르치고 늘려본 사람이라면 쉽게 모을 수 있다. 그리고 수업료는 한 달 치를 받는다. 토요일 아침부터 저녁까지 종일 한 달

분량의 수업을 여러 명이 모여서 해보면 아이들은 놀라운 경험을 하게 된다. 배우고 복습하고 테스트하고 숙제를 내주고 그다음 주에 테스트를 한 번 더 해보면 다 익힐 수 있다. 더불어 아이들은 자신감이 생기고 바닥을 치던 자존감도 높아진다. 엄마들이 열광하는 것은 당연한 일이다. 주말에 운영되는 프로그램이기 때문에 평일 내내 하던 프로그램은 상상도 할 수 없는 일이 생긴다. 매일 학원에 오고 가는 시간이 아까웠던 아이들이 오고, 옆 동네에서도 오고, 다른 지역에서도 찾게 된다. 확장 가능성은 오직 창업자의 열정에 달렸다.

고등학생은 다를까? 우등생과 열등생은 어떻게 접근해야 할까? 한 달 진도를 하루에 마치는 상품을 해봤다. 뛰어난 아이들을 대상으로 한 학기 진도를 하루에 마치는 프로그램도 얼마든지 가능하다. 모든 가능성은 열려있다. 무엇을 누구에게 가르칠 것인가만 구체적으로 정하면 된다.

그럼 학원 사업을 하기 위해 꼭 지켜야 할 두 번째 원칙은 뭘까?

그것은 의외로 간단하다. 첫 번째 원칙을 적용해 극단적으로 단순화시킨 프로그램 외에 어떤 것도 무상으로 제공하지 않는 것이다. 서비스는 없다. 조금 외진 곳에 있으니 차량 운행을 해야 할 것 같다. 그리고 비싼 돈 내고 배운 거니까 성적도 당연히 올라야 할 것 같다. 그런 생각으로 접근하기 시작하면 사업이 고달파진다.

조금 구석진 곳에 있긴 하지만 꼭 필요한 당신이 직접 와야 한다. 당신의 아이는 당신이 태워줘라. 우리는 오면 받아는 주겠다. 그 정도의 생각으로 고객을 대하면 한결 편하다. 물론 말은 그렇게 해선 안 된다. 최대한 부드러운 어조로 둘러댈 구실을 생각해내라. 정제된 언어로. 오로지 아이의 즐거운 영어책 읽기에만 집중하기 위해서!! 무언가를 즐겁게 배운 본인이 성취하는 모든 것이 자연스럽게 성적을 올려 줄 것이다. 성적은 굳이 신경 쓸 문제가 아니다.

세 번째 원칙은 역시 돈 들여 홍보하지 않는 것이다. 고객이 필요해서 알고 찾아오는 것이지 다른 프로그램보다 더 좋다는 것을 굳이 알릴 필요도 없다. 그건 알린다고 알려지지도, 알릴 수 있는 것도 아니다. 오직 최고의 홍보는 홍보하지 않는 것이다. 고객을 감동시키는 것이 최고의 홍보다. 첫 번째 원칙을 지키기만 하면 두 번째, 세 번째는 저절로 이뤄질 것들이다.

네 번째 원칙은 점점 비싸게 받는 것이다. 언제나 대기자가 생기고 더 멀리서 찾아오는 학원이 되어야 한다. 명심하자. 고객은 필요하거나 갖고 싶을 때 지갑을 연다는 사실을.

이 모든 과정과 결과는 오직 하나만 제대로 하겠다는 시작이 있어야만 가능하다는 사실을 잊지 마라. 모든 고민은 오직 하나만 제대로 하기로 마음먹었을 때 시작되고 놀라운 답을 찾아낼 수 있다.

세상에서 가장 유명한 탈장 전문 병원 숄다이스 병원도 애초에 탈장 하나만 제대로 치료하기로 결정했기 때문에 그런 거대한 결과를 만들어 낼 수 있었다. 어떤 일을 하든 항상 잊지 말자. 구체적인 대상에 대한 집중이 놀라운 성과를 만들어 낸다는 사실을. 그 길을 갈 때 만나는 세상의 모든 비난은 고정 관념에 불과하다. 그 벽을 넘어라.

그리고 학원 사업은 아이들을 가르치는 일이 행복한 사람이 해야 한다. 아이들 떠드는 소리가 싫은 사람은 학원업에 어울리지 않는다. 행복해지기 어렵다. 창업자도 아이들도.

인테리어업:
유일한 공간의 창조자

자영업 시장에서 인테리어업은 빠질 수 없는 중요한 카테고리를 차지한다. 매일 폐업하는 업장에는 새로운 주인이 찾아든다. 임대 물건이 많아지고 공실률이 높아지고 있는 것과는 별개로 창업을 준비하는 자영업자들은 크건 작건 인테리어 공사를 할 수밖에 없고, 대부분은 전문업자에게 맡겨야 하는 제법 큰 시장이다. 그러니 그 큰 시장에 뛰어든 정말 많은 인테리어 업자들은 치열한 단가 경쟁을 할 수밖에 없다. 경쟁하는 모든 업종과 마찬가지로 그 시장 안에는 최저가 입찰 경쟁이 치열하다. 관련 입찰 플랫폼만 몇 개가 되고 그들 역시 자본력으로 경쟁하고 있다. 더 많은 업체를 유치하고 수수료를 받아야 하는 플랫폼 비즈니스다. 그 안에서도 인테리어 업자들은 더 좋은 후기를 받기 위해 노력해야 한다.

리뷰에 시달리는 음식점 사장님들의 고충이 그들에게도 그대로 투영된다.

'최고의 품질, 최저 가격 보장'은 정말 모두에게 최악이다. 이 불가능할 것 같은 명제가 가능하기 위해서는 엄청난 자본력이 필요하다. 최고의 자재를 최저가로 조달해서 숙련된 기술자가 적은 비용을 받고 제대로(?) 시공해야 하기 때문이다. 이 모든 것은 돈이 없으면 경쟁 자체가 불가능하지만, 설령 자금이 충분히 있어도 결국엔 쓰러질 수밖에 없는 시스템이다.

자금이 충분하다면 굳이 힘든 창업을 할 이유가 있을까? 그런데 돈 벌기 위해서 시작하는 사업이 경쟁하는 방식이라면 끝이 뻔히 보이는 망하는 길이라는 것을 애초에 시작할 때 왜 모르는 것일까? 절대 비싸게 받을 수 없는, 경쟁하는 방식을 택하는 영세한 인테리어업자가 되지 않기 위해서는 업의 본질에 집중해야 한다.

그럼 시작해 보자. 한 푼이라도 더 싸게 시공하고 싶어 하는 영세한 자영업자들을 버려라. 그들은 더 싸게, 더 많이, 더 좋은 품질로 시공해 주길 원하지만, 추가로 서비스를 바라고, 심지어 깎아주길 바라는 그저 진상 고객에 불과하다. 그들의 잘못이 아니다. 그들도 초기 투자 비용을 아껴야 하는 어쩔 수 없는 영세한 자영업자일 뿐이다. 그래서 애초에 고객의 타겟팅부터 다르게 시작해야 한다. 애초에 그들은 버리는 것이 좋다.

우선 인테리어업을 하려는 사람은 그 일 자체를 좋아해야 한다. 꾸미고, 오려 붙이고, 만드는 일 자체를 좋아해야 한다. 전공했다고 해서, 혹은 그런 게 있는지 모르겠지만 자격증이 있다고 해서, 누군가를 따라다니면서 몇 년을 배웠다고 해서 더 잘할 수 있는 게 아니다. 오직 즐겨야 한다. 그래야 잘할 수 있고 경쟁하지 않는 전문가가 될 수 있다. 그러면 이것저것 해볼 수 있다. 그게 거실이든 욕실이든 방이든 현관이든 상관없다. 자신만의 공간에 대한 철학을 정립하고 그 방식을 적용해서 시도해 보면 된다.

사랑하는 아이가 있다면 그 아이를 위한 방을 한 번 꾸며보자. 내 아이가 꿈과 창의력, 상상력을 키울 수 있는 환상의 방을 한번 구상해 보자. 영화《나니아 연대기》,《해리포터》등의 판타지 영화들을 보면서 영감을 얻어보자. 천장에 우주를 담아낼 수 있는 시트지와 조명을 구상해 보자. 벽에, 혹은 장롱 속에 이상한 나라로 통하는 작은 쪽문을 하나 달아주자. 그 문은 열쇠로 굳게 잠겨 있다. 그 열쇠를 찾기 위해서 아이가 통과해야 할 미션도 생각해 보자. 하기 쉬운 단계부터 어려운 단계까지 아이의 좋은 습관을 만드는 데도 큰 역할을 해준다. 미지의 세계로 연결된 통로로 만나게 될 세상을 미리 보여주자. 그 안에서 만날 친구들과 노는 꿈을 상상하게 하고, 신 나게 떠들면 같이 맞장구 쳐주고 축하도 해주자. 벽에 꾸며도 좋고 창문을 가리는 블라인드나 버티컬도 좋다. 어떻게든 커가는 아이만을 위한 방을 꾸며보자. 그러려면 그 분야에 대한 공부를 해야 한다. 판타지 소설이나 그림책을 더 많이 보자.

비용은 최소한으로 맞추고 내역을 꼼꼼히 따져서 자재 구매 비용과 소요 시간, 단순화 방안 등을 정리해 둔다. 어떻게 하면 더 빠른 시간에 더 효율적으로 시공할 수 있을 것인지 방법을 찾는다. 그리고 그 방 안에 아이만을 위한 철학을 장착하면 된다. 앞으로 살아가야 할 세상에 우리 아이에게 필요한 것은 입시 위주의 학습이 아니라 창의력과 풍부한 상상력이라는 것을 엄마나 아빠부터 확고하게 정립하는 것이 필요하겠다. 고민해 보면 답은 금방 찾을 수 있다.

아이의 친구들이 놀러 와서 방을 보고 까무러치면 당신의 놀라운 사업은 시작된다. 아이가 자신의 부모에게 자신도 그런 방을 갖고 싶다고, 만들어 달라고 떼를 쓰면 영업은 시작된 것이다. 그 놀랍고 부러운 아이가 돈 한 푼 들이지 않은 당신을 위해 최고의 영업사원이 되어 준다. 망설일 이유가 없다고, 아이가 행복한 상상력을 키울 수 있는 그런 방을 만들어 줘야 한다고, 얼마나 행복하겠냐고 아이의 엄마들을 부추겨라. 엄마 혼자 하기엔 도저히 엄두가 안 나면 된다. 학원 1년만 안 보내면 된다고, 요즘 학원이 무슨 소용이냐고, 재료비만 받고 해준다고 하고, 하루 인건비를 30만 원 정도로 책정해서 가격을 제시하면 된다. 주의해야 할 점은 재료비가 싸다고 해서, 금방 했다고 해서 헐값에 제공할 생각은 애초에 해서는 안 된다. 명심하자. 내 상품의 가격은 재료비나 인건비와 마진으로 정하는 것이 아니라 오직 감동의 크기라는 것을. 자재를 준비하기만 하면 하루 만에 혹은 몇 시간 만에 끝낼 수 있는 방법을 찾으면 된다. 처음부터 외주화를 염두에 두고 시작한다. 소중한 아이 방이기 때문에 모든 자재는 친환경 무공해 제품이어야 한다. 그래서 비싸다.

고객 대상을 조금 더 구체적으로 들어가 보자. 아이의 성별에 따른 옵션을 생각할 수 있다. 남자아이와 여자아이는 각자의 성향이 다르다. 그에 맞는 솔루션을 생각해야 하고, 연령대도 정해야 한다. 자신의 아이 성장에 맞춘 상품이 제일 좋다. 또래의 아이들을 가진 부모가 고객이 되는 것이다. 그렇게 입소문을 내는 과정을 거치면 된다. 아이 반 친한 친구들을 한 명씩 초대하자. 소문은 금방 날 것이고 초대하기도 전에 서로 오겠다고 엄마들을 졸라댈 것이다. 그러면 엄마들 사이에서도 당신은 '핵인싸'가 된다. 그렇게 아이들이 최고의 영업사원이 된다.

예약을 받고, 물론 대금은 선불이다, 주문이 늘어날수록 주거래처와의 협상이 유리해진다. 자재상과의 거래도 현금으로 선불로 해주면 원활한 관계를 유지하기 좋다. 그러면 좀 더 나은 조건으로 사업을 진행할 수 있다. 그렇게 하나하나 고객이 늘면 반드시 숙지시켜야 한다. 어디 가서 이 가격에 했다고 말하지 말아 달라고. 지인 할인 찬스를 쓰신 거라고. 그리고 당신은 '아이방 전문가'가 되는 것이다. 이름은 따로 한번 정해 보자.

또 하나 명심해야 할 것은 주문이 밀린다고 해서 절대 하루에 하나 혹은 이틀에 하나씩 해서는 안 된다. 딱 일주일에 하나 혹은 두 개만 한다고 생각하고 시작해야 한다. 예약이 밀릴수록 고객들은 미치게 된다. 최고의 영업사원들이 활약하게 될 것이다. 9월 예약 고객에 한해 얼마, 10월부터 가격 인상 등의 방법으로 어느 정도까지 가격을 정해둬야 한다. 그러면 1년 대기는 거뜬하다. 일과 돈과 시간으로부터 자유로워질 수 있다.

그렇게 자신만의 브랜드를 구축하고 예약 고객이 늘고 가격대를 높게 설정해 놓으면 후발 경쟁자들이 생긴다. 그들은 결코 당신이 설정한 가격대로 시작할 수 없다. 그것이 진입 장벽이다. 그래서 낮은 가격대로 그들만의 경쟁하는 리그가 형성된다. 하지만 걱정할 필요도, 가격을 낮출 필요도 없다. 그들은 싸우다 지치게 될 것이고, 그중 생각이 있는 사람은 당신에게 제휴협의를 요청할 것이다. 분점을 내고 싶다고. 그러면 비싼 값에 모든 것을 알려주고 분점을 내주면 된다. 일회성이든 로열티를 받든 그건 알아서 정하면 된다. 나는 일회성 전수를 제안하는 편이다.

인테리어업을 시작하기 위해 오랜 경력이나 다양한 자격증과 멋진 사무실이 필요한 것도 아니고, 많은 자본금이 필요한 것도 아니다. 오직 당신의 철학과 즐거움만이 필요할 뿐이다. 그럼 다른 공간은 어떨까? 욕실 전문가가 한 번 되어보자. 욕실에 당신만의 철학을 담아보자.

주거 형태는 다양하고 그들 모두에게는 수많은 다른 공간이 있다. 그 모든 공간을 세분화하고 집중하면 그 공간의 전문가가 될 수 있다. 주거 공간의 패러다임이 변하고 있다. 그 변화를 눈여겨 보면 또 다른 사업의 방향성이 보일 것이다.

미용업:
아름다움의 기준은 다르다

미용 관련 업종 역시 넘쳐난다. 치킨집과 카페 못지 않다. 헤어숍, 피부 관리, 네일 숍 등이 곳곳에 생겨나고 숍 인 숍으로 바뀌지만 결코 쉽지 않은 시장이다. 그들 모두가 시작하는 방식은 대동소이하다. 어디선가 배우고 익혀서 자격증을 취득하고, 또 어딘가에서 실습을 하고, 수습사원으로 일하면서 배우고 실력을 키우고, 돈이 준비되면 그 돈에 맞춘 곳을 물색하고 자신의 매장을 오픈한다.

　헤어숍은 컷, 드라이, 펌, 모발 및 두피 관리 정도의 메뉴를 다양한 이름과 방식으로 역시 다양한 품질과 가격으로 경쟁하고 있다. 피부 관리 숍은 왁싱, 주름 개선, 얼굴 및 피부 관리, 속눈썹 관리, 타투, 헤나, 반영구 화장 등의 상품을 취급하면서 역시 다양한 방식으로 경쟁하고 있다. 어떤 재료와 상품으로 어떤 고객을 대상으로 하느냐에 따라 그들의 시장 경쟁력은 차별화될 수 있지만, 대부분 모든 고객을 대상으로 가격으로 경쟁하는 것을 당연하게 생각한다. 네일 숍 역시 다르지 않다. 할인과 서비스 경쟁이 치열하다.

그래선 안 된다. 그것은 당장 눈앞의 매출에 연연할 수밖에 없는 방식으로 시작했기 때문에 어쩔 수 없이 밟게 되는 폐업의 과정에 있을 뿐이다. 풍부한 유동 인구와 멋진 인테리어로 시작하는 창업은 결코 살아남을 수 없다. 그것이 사업의 본질이 아니기 때문이다.

돈을 벌기 위해 마땅히 할 줄 아는 것도, 할 만한 것도 없어서 배운 미용 기술이라 어쩔 수 없이 할 수도 있다. 그럼 더 잘할 방법을 찾아야 한다. 역시 메뉴를 줄이고 대상 고객층을 혁신적으로 줄이는 방법으로 접근해야 한다. 그런데 애초에 좋은 상권과 멋진 인테리어로 직원까지 채용해서 시작하면 그런 변화를 도모하기 어렵다. 고정 비용이 엄청나기 때문에 매출이 떨어질 수 있는 어떤 시도도 할 수 없다. 그래서 애초에 다르게 시작해야 한다.

이왕 시작할 거라면 하고자 하는 일을 사랑하면 더 좋다. 어릴 때부터 남의 머리카락 만져주고 묶어 주는 것을 좋아하고, 파마 약 냄새가 좋다거나 누군가를 예쁘게 만들어 주고 나면 행복해지는 사람이 있다. 혹은 자신이 가진 문제점을 해결하는 것으로도 가능하다. 곱슬머리 때문에 받은 스트레스를 푸는 방법을 찾아보는 것이다. 손상된 머릿결과 두피를 개선해 보는 것도 좋겠다. 아름다워지거나 문제점을 해결한 상대방이 행복해하는 모습을 보면 누구나 행복해진다. 그래서 그를 아름답게 해주고 만족시켜주는 일은 웬만해선 즐거울 수밖에 없다.

그런데 그러지 못한 이유는 제값을 받지 못하기 때문이다. 무겁게 시작하기 때문이다. 매출에 연연할 수밖에 없기 때문이다. 그러니 제대로 해주지도 못한다. 그러면 고객은 감동받기 어렵다. 그게 악순환이다. 그러니 좋아하는 일을 시작할 때는 가볍게 시작해야 한다. 그래야 제값 받기가 쉽다. 본질에 집중해 보자.

이왕 헤어숍을 하려 한다면 가장 비싸게 받을 수 있는 상품으로 접근해 보자. 가모를 생각해 보자. 숱이 없거나 머릿결 손상이 심해서, 혹은 모발이 가늘고 힘이 없어서 등 다양한 이유로 붙임머리를 하고 싶은 사람이 있다. 그 일을 하려면 본인이 그런 문제점을 안고 있는 것이 가장 좋다. 가모에 관심이 많아질 테고 공부하게 될 것이다. 어떻게 하면 더 잘할 수 있을 것인지, 자신의 문제도 해결하고 고객을 만족시킬 수 있을지 고민하고 연습하게 될 것이다.

역시 매장부터 차릴 생각 하면 안 된다. 자신의 문제부터 해결하고 주변에 가모가 필요한 사람들에게 연습부터 해보자. 풍성하고 아름다운 머릿결로 자신감이 하늘을 찌르게 해주면 된다. 그 성장하는 과정을 즐길 수 있으려면 무조건 가벼워야 한다. 잊지 말자. 아이가 뛰기 위해서는 뒤집기부터 시작해야 한다는 것을. 고통스러운 성장의 과정을 거쳐야 한다.

곱슬머리를 가진 사람들의 마음을 가장 잘 아는 사람은 곱슬머리를 가진 사람이 아닐까? 남자와 여자는 어떻게 다를까? 그 고민으로 시작하면 그들이 모이는 커뮤니티를 찾는 것은 어렵지 않다. 그들의 고민을 해결해주는 곱슬머리 전문가가 되는 것은 어렵지 않다. 곱슬머리도 관리해 주는 전문가가 아니라 곱슬머리만 관리해 주는 전문가가 되면 모객을 하는 것도, 비싼 값을 받는 것도 어렵지 않다. 역시 굳이 매장부터 찾을 필요 없다. 아는 미용실의 한 자리를 빌려 써도 되고, 전혀 모르는 미용실에 가서 협약을 맺을 수도 있다. 관리 인원수대로 받되 예약 고객이 많이 생기면 좌석 하나를 월 임대 계약을 체결할 수도 있다. 전국 어디든 당신의 서비스를 원하는 고객이 접근하기 쉬운 모든 미용실이 내 미용실이 되는 방법이다.

혹시 지금 안 되는 이유부터 찾고 있는 것은 아닌가? 해야 하는 이유와 방법부터 찾는 습관을 기르자.

피부 관리는 배우는 데 애초에 큰 비용이 들어간다. 의학적인 지식까지 겸비해야 하는 일이기도 해서 맘먹기 따라서는 큰 시장일 수도 있다. 누구나 할 수 있는 일이라 할지라도 하나에 집중하면 남다른 성과를 내는 것은 어렵지 않다.

주름 개선 하나를 하더라도 비싼 재료를 써서 제대로 한다는 이미지를 줘야 하고, 특정 연령대를 집중적으로 공략해야 할, 스스로도 충분히 납득할 만한 근거를 준비해야 한다. 예를 들면, 50대 남성만, 혹은 60대 여성만, 주름이 급격히 늘어가고 피부가 처지는 당신에게 꼭 필요한 서비스라는 논리적인 근거를 갖춰야 한다. 피부 과학에 대한 공부가 깊어질 것이다. 먹는 약까지 함께 제공하는 것도 좋겠다. 반영구 화장도 눈썹 하나만 제대로 준비하면 된다. 얼굴 형상과 눈 모양, 피부 톤에 가장 잘 맞는 눈썹 모양은 어떤 것인지 자신만의 시스템을 갖추기 위해 어떤 노력을 해야 하는지, 어떤 재료를 쓰고, 어떻게 하면 더 빨리 시술할 수 있는지 계속 궁리해야 한다. 결국 예약과 대기를 부르는 것은 고객 만족이고 사업자의 전략이다. 가격은 점점 올리되 영업시간과 일수는 줄여야 한다.

그리고 잊지 말자. 모두를 고객으로 생각하면 안 된다. 모두가 내 고객이 될 수 있지만 아무나 내 고객이 될 수는 없다. 그리고 사업을 안정적으로 운영하는 데 있어서 엄청나게 많은 고객이 필요하지 않다. 딱 필요한 만큼의 고객이면 충분하다. 내가 하루에 관리해 줄 수 있는 고객은 한 명 또는 두 명에 불과하다. 백 명, 천 명이 아니다. 하루 목표만 채우면 그만이다. 돈가스 백 개를 준비했다면 백 번째 이후는 열 명이든 스무 명이든 무의미하다. 목표를 넘어서는 고객은 몇 명이든 무한이다.

제조업:
무엇이든 먼저 팔고 만들자

대부분 창업자는 돈을 받은 후에 상품을 제공하는 것이 익숙하지 않다고 생각한다.

모든 상품은 먼저 받고 파는 것을 원칙으로 하자. 모든 예약은 선입금이 조건이다. 노쇼 고객은 없다.

우리 가족은 캠핑을 자주 갔었다. 심지어 매주 간 적도 있다. 대부분 캠핑장이 그렇지만 자주 가던 캠핑장은 4주 전에 예약을 받는다. 그리고 강가의 인기 많은 자리는 예약 시작 후 30분 안에 완료된다. 예약 후 이틀 안에 비용을 입금하지 않으면 입금 요청이 오고 입금하지 않으면 자동 취소된다. 그리고 사용 당일 3일 전에 취소하면 50%의 위약금을 부담해야 한다.

자영업자들의 가장 큰 애로사항 중 하나가 '노쇼'라고 할 수 있다. 아예 연락도 없이 오지 않는 것을 노쇼라 하지만 미리 준비해 뒀는데 직전에 취소하는 것도 낭패를 보는 것은 마찬가지다. 그냥 취소하고 다른 손님을 받을 수 있으면 다행인데 음식을 준비해 두었을 경우나 대체 고객을 받을 수 없는 경우는 손해가 막심하다. 피눈물이 난다. 정말 울화통이 터져서 아무것도 눈에 들어오지 않는다.

왜 그런 일이 생기냐 하면 애초에 창업자 자신이 왕이 아니라 고객을 왕으로 설정하고 시작했기 때문이다. 그들에게 행복한 상품을 제공하는 스스로에 대한 자부심이 창업의 중심에 있어야 한다. 그래야 더 당당하게 사업을 운영할 수 있다. 그래서 음식점도 예약 고객에게 선불을 받아야 한다. 하지만 아무도 그런 무모한(?) 도전을 하지 못한다. 안 한다고 할까 봐. 그런데 꼭 필요한 사람은 한다.

우리는 온라인에서 상품을 구매할 때 항상 선불에 익숙하다. 심지어 택배비도 선불이다. 살 때 먼저 지불하는 건 익숙하면서, 팔 때 먼저 받는 건 어색해 한다. 자세 문제다. 몇천 원부터 몇억 원까지 우리는 선불로 내고 있다. 심지어 상품을 받기 몇 년 전부터 큰돈을 지급하기도 한다. 아파트다. 이렇게 뭐든 살 때 먼저 주고 사는 것처럼 사업을 할 생각이라면 항상 먼저 받고 파는 것에 익숙해지자. 그것은 '노쇼'를 넘어 진상 고객을 방지하는 가장 쉬운 방법이기도 하다.

먼저 팔고 시작하는 가장 대표적인 방식이 크라우드 펀딩이 되겠다. 좋은 아이디어가 있으니 먼저 돈을 내면 제품이 완성되는 대로 돈을 낸 사람에게 시제품을 우선 제공하는 방식이다. 다양한 형태의 크라우드 펀딩이 진행되고 있다.

제조업을 생각하는 대부분의 창업자는 아이디어를 구상하고 나면 제품을 생산부터 하려고 한다. 온라인상에 정말 기발한 상품들이 엄청난 매출을 기록했다는 기사들을 접하는 경우가 있다. 하지만 실패한 경우는 훨씬 더 많다. 그들이 실패한 원인은 먼저 받고 팔아보지 않았기 때문이다. 노쇼는 커녕 애초에 살 생각조차 들지 않기 때문이다.

크라우드 펀딩처럼 사업아이디어에 비용을 지급하겠다는 의사를 표시하는 고객을 확보하지 않은 상태라면 상품을 생산해서는 안 된다. 그것이 반찬이든 지갑이든 화장품이든 상관없다. 무조건 예약부터 받고 대금도 받은 후에 생산에 들어가야 한다. 그래야 망하지 않는다. 아무리 좋은 상품이라 하더라도 먼저 대량으로 생산해 놓고 나면, 그걸 팔아야 한다는 압박감 때문에 원하는 값을 받기도 어렵고, 생각만큼 팔리지 않으면 조급해지고, 그러면 섣부른 판단을 내리게 되고, 매출로 연결될 확률이 거의 없는 마케팅에 많은 돈을 쏟아붓게 된다. 그렇게 되면 자금난에 시달리고 곤경에 빠지기 쉽다. 그래서 먼저 팔아봐야 한다. 이미 수만 개의 화장품을 생산해 놓고 상담을 받으러 온 대표가 있었는데, 이미 어찌해 볼 도리가 없으니 결국 하던 대로 할 수밖에 없었다. 새로운 방식의 제안은 귓등으로 흘려 듣게 된다. 찍어 놓은 상품을 팔아야 하기 때문이다. 수만 개에 달하는 업체와 단가 경쟁을 하면서 고전을 면치 못할 것이다.

그럼 어떻게 예약과 대금을 받을 것인가?

당신의 필요에 따른 상품이 제일 무난하다. 당신이 직면한 문제를 해결하는 데 꼭 필요한 상품이 있다면 그것을 팔아본다.

앞서 언급한 적 있는 특별한 반찬을 한 번 생각해 보자. 이 반찬은 꼭 필요한 음식이다. 거동이 불편한 노모를 위한 건강식이다. 잇몸도 치아도 튼튼하지 못한 노모를 위해 만든 부드러운 영양식이다. 매일 식단을 한 번 준비해 본다. 비슷한 고민을 하는 사람들은 있다. 그 음식이 꼭 필요한 이유와 가치를 알려주기만 하면 된다. 대단히 많은 사람을 설득할 생각은 할 필요 없다. 나와 같은 고민을 하는 사람 한 명으로부터 시작하면 된다. 하루에 한 끼로 시작하고 일주일 분에 5만 원, 두 끼, 세 끼로 늘려 가면 된다. 그렇게 한 명, 두 명 고객을 늘려 가면 된다. 그렇게 먼저 받고 팔고 매출 규모가 커지면 작은 공간을 마련해서 사업자로 등록하고 본격적으로 시작하면 된다. 애초에 법인으로 시작하면 큰 그림을 그릴 수 있다.

화장품도 같은 방식으로 시작할 수 있다. 수제 화장품을 소량 생산해서 팔아볼 수 있다. 어떤 제품을 누구를 위해 만들 것인가에 대한 고민을 해보면 된다. 자신의 문제점을 해결하는 것으로 시작하는 것이 제일 좋다. 해결하고 싶은 여러 종류의 고민이 있을 수밖에 없다. 특별히 연령대와 성별을 세분할 수 있다면 더 깊이 파고들 수 있다. 친환경 재료로 다양한 문제점에 개별적으로 접근해 큰 성과를 낸 사람도 있고, 꼭 필요한 만큼의 수익만 창출하는 소규모 사업가들도 있다. 제시카 알바처럼 될 것인지 김 사장님이나 최 사장님처럼 될 것인지는 스스로 판단할 문제다.

우리가 접하는 대부분의 상품과 기업들은 고객층을 광범위하게 설정한다. 모두를 고객으로 생각하기 때문이다. 매운맛이라고 파는 공산품이 못 먹을 정도로 맵지 않은 이유는 극히 매운 것을 좋아하는 소수의 고객을 대상으로 생각하지 않기 때문이다. 우리는 그들을 비주류라고 한다. 다수의 고객이 아닌 고객이다. 일반화 혹은 대중화라는 방식의 목표 설정은 그래서 상대적으로 많은 경쟁 상대가 생길 수밖에 없다.

특정한 문제를 해결하는 화장품, 특히 자신의 문제를 해결할 수 있으면 된다. 무엇이 문제인지, 어떻게 할 것인지 고민하는 것이 창업의 시작이다. 헤일로탑의 창업자 저스틴 울버톤처럼 해보면 된다. 단 걸 너무나 좋아하지만 다시는 단 걸 먹지 말라는 의사의 경고를 받고 설탕 없이도 기존의 아이스크림과 같은 맛을 내기 위해 그가 준비한 것은 아마존에서 구매한 2만 원짜리 아이스크림 제조기였다. 그리고 8개월간 계속 만들었다. 그리고 지금의 헤일로탑이 되었다. 물론 우여곡절이 있었고, 파산 위기도 있었다. 하지만 창업자라면 반드시 거쳐야 할 과정이기도 하다.

이처럼 가볍게 시작하고 먼저 팔아보면 어떤 제조업도 가능하다. 맞춤 양복도 그렇게 파는 곳이 있다. 먼저 돈을 받고 시작했다. 기성 양복에 만족하지 못했던 창업자는 맞춤 양복점에 갔다가 너무나 많은 선택 사항에 지쳐버렸고, 신체 치수를 제외한 모든 선택을 고객이 할 수 없는 방식의 맞춤 양복 서비스를 출시했다. 선택권의 박탈이다. 역시 맞춤 양복에 불편함을 느낀 고객을 찾아나섰고 그들에게 먼저 돈을 받고 팔았다.

어떤 가치를 제공할 것인가에 대한 고민이 창업의 시작이다. 그 가치를 바라보는 방식은 언제나 선택과 집중이다. 오직 하나만 제대로 하겠다는 의지를 다지기만 한다면 못할 일이 없다. 영세한 자영업자가 할 수 있는 어떤 것이든 먼저 받고 팔아보자.

모든 사업을 성공하게 하는 해법:
비즈니스 리모델링

아무것도 가진 것 없는 평범한 당신이 시작하는 모든 창업은 성공할 수 있다. 앞서 언급한 임대업이나 음식점업, 학원 사업, 인테리어업, 미용 관련업, 제조업 등이 창업자들이 가장 많이 접근하는 업종이기 때문에 구체적인 방향을 제안했지만 그 외에도 모든 다양한 업종에도 단순화를 핵심 가치로 내세운 비즈니스 리모델링을 적용하기만 하면 쉽게 풀어낼 수 있다.

모든 사업에 적용할 수 있는 가장 확실한 솔루션을 한 번 살펴보자. 이것은 세상에 없던 새로운 아이디어가 아니다. 누군가는 했었고 하고 있는 방식이기도 하다.

첫째, 오직 하나만 팔아라.

당신이 준비하고 있는 상품이나 메뉴의 종류가 많다면 전문가로 인정받기 어렵다. 고객을 만족시키기도 어렵고, 고객을 망설이게 한다. 무엇보다 종류가 많을수록 힘들다. 지친다. 그러면 안 된다. 그래서 오직 하나만 팔아야 한다는 것이고, 그러면 이 모든 문제점이 한 번에 해결된다.

하나로 줄이면 더 집중할 수밖에 없다. 품질은 향상되고, 재고 관리가 수월해지고 업무는 극단적으로 단순화되고 전문화된다. 고객에게 진심으로 전하고 싶은 가치를 만들어라. 그러면 비싸게 팔 수 있다. 품격있는 고객을 만날 수 있다. 그들은 꼭 필요한 것을 산다면 하나를 사도 비싸고 좋은 것을 산다. 하나만 팔면 고객도, 가격도 마음대로 정할 수 있다. 어떤 고객을 대상으로 할 것인지, 어떤 가치를 가진 상품을 제공할 것인지, 얼마에 팔 것인지 정할 수 있다. 불만투성이인 진상 고객을 버리고 품격 있는 고객을 감동시킬 수 있는 오직 하나의 메뉴로 시작하는 것이 성공하는 창업의 첫 번째 미션이다.

둘째, 버릴 수 있는 모든 것을 버려라.

많은 것을 갖추고 시작하겠다는 것은, 그래서 많은 서비스를 제공하고 싶다는 것은, 오직 하나뿐인 메뉴의 품질에 자신이 없다는 뜻이다. 품질에 자신이 없다면 오직 하나뿐인 메뉴의 품질 향상에 집중하라. 많은 서비스를 제공해서 낮은 품질을 만회해 보겠다는 생각은 애초에 잘못된 출발이다. 많은 것을 준비한다는 것은 일이 더 많아진다는 뜻이고, 고단해진다는 뜻이다. 그럼 오래지 않아 주저앉을 수밖에 없다. 그러지 않으려면 오직 하나뿐인 메뉴의 본질에 집중해야 한다.

많은 것을 준비한다는 것은 비용이 증가한다는 뜻이다. 아무것도 없는 평범한 우리가 가야 할 길이 절대 아니다. 이해되는가? 지금 고민하고 있는 모든 부수적인 것들을 없애든지 고객에게 시키든지 하자. 모두가 좋아하는 좋은 상권을 버리면 접근성이 떨어져 고객들이 귀찮다. 모두가 늘리고 싶어하는 영업시간을 극단적으로 점심시간 두 시간으로 줄여 버리면, 영업일을 주 6일에서 평일 3일로 줄여 버리면, 그 시간이 아니면 구할 수 없는 고객들은 시간과 요일을 맞춰야 하기 때문에 짜증 난다. 하지만 오직 하나뿐인 상품을 사려는 목적의식을 가진 고객은 무조건 찾아온다. 다른 곳에서는 구할 수 없기 때문이다. 멀리서도 찾아온다. 그리고 반드시 줄을 서게 된다. 그럼에도 불구하고 살 수 없는 고객이 생기고, 그들은 다시 온다. 다시 오지 않는다고? 그들을 버리면 된다. 모두를 만족시킬 수 없다. 나를 찾지 않는 고객에게 연연하지 마라. 나에게 불만을 가진 고객에게 맞추려는 어떤 노력도 하지 마라.

어떤 사업이든 적용 가능한 방법이다. 가치를 입히고 품질을 높이면 당신의 사업은 한결 가벼워진다. 팔기 위해 찾아가는 것이 아니라 사기 위해 찾아오게 하는 것이다. 그러기 위해선 오직 하나를 제대로 만드는 것이다. 그러려면 부차적인 것들을 버리고 오직 하나의 메뉴에 집중하라. 바로 이것이 두 번째 미션이다.

셋째, 무조건 비싸게 팔아라.

가장 흔하게 접하는 창업자들의 생각은 주변 경쟁 업체들에 형성된 비슷한 가격대다. 애초에 출발이 잘못됐기 때문이다. 다르지 않기 때문이다. 어디서나 구할 수 있기 때문이다. 심지어 더 싸게 판다. 하나만 제대로 하는 방식을 택하지 않았기 때문이다. 이미 하나만 팔기로 했다면 품질을 높인 당신의 상품은 비싸게 팔아야 한다. 비싸다는 것은 특별한 상품이란 뜻을 고객이 인지하는 것이다. 그 과정에서 당신 스스로 당신이 판매하는 상품의 가치에 대한 확신을 가져야 한다.

'이 상품은 나의 고객에게 누구보다 뛰어난 가치를 제공하는 것이다.'

그리고 고객이 만족할 만한 가치를 부여해야 한다. 원가를 높이라는 뜻이 아니다. 당신 상품의 가격을 생산 원가를 기준으로 책정하는 어리석은 판단을 내리지 마라. 경쟁을 일삼는 흔한 사업자들은 제품의 원가에 마진을 붙여서 판매한다. 하지만 당신은 상품의 가치를 기준으로 가격을 책정하여야 한다. 당신이 제공하는 오직 하나뿐인 상품이 고객의 어떤 불편한 부분을 얼마나 만족하게 해소해 주는가에 초점을 맞춰라. 오직 어떤 감동을 줄 것인가가 중요하다. 명품은 결코 원가가 비싸서 비싼 것이 아니다. 그들은 심지어 재고품을 전량 소각함으로써 기존 제품의 희소가치를 높이는 전략을 구사하기도 한다.

고객의 불편을 해소하고 그들에게 감동을 준다면 그래서 다른 상품보다 비싸다면 반드시 품격 있는 고객을 만나게 된다. 진상 고객은 진짜 가치를 알아보지 못한다. 그들은 늘 가격을 비교하고 싼 것만 찾는다. 그들에게는 가성비가 가장 중요하다. 그리고 늘 불평과 불만으로 가득하다. 그들을 만나지 않으려면 무조건 비싸게 팔아야 한다. 파레토의 2대 8의 법칙은 당신의 사업에도 예외가 아니다. 수입의 80%를 차지하는 매출을 일으키는 고객은 20%에 불과하다. 80%의 고객은 버려라. 그리고 그런 고객을 만나지 않으려면 어떤 방식의 전략을 선택해야 할지 답은 정해진 것 같지 않은가?

비싸게 파는 것!

이 간단한 전략을 구사하기 위한 준비 기간이 필요하다. 아이가 태어나 걷고 뛰기까지는 수많은 도전과 시련이 있다. 처음 뒤집는 데만 4개월이 걸린다. 뒤집기만 하고 배 밑에 깔린 팔을 못 빼서 고통스러워 하는 시간도 있다. 그렇게 기고, 잡고, 일어서기 위해 수백 번을 넘어진다. 처음에는 넘어지는 것이 두려워 울기도 하지만 결국 넘어지지 않고 앉는 방법을 터득하게 된다. 그리고 걷고 넘어지기를 수천 번 반복한다. 당신은 기억조차 나지 않겠지만 그 많은 순간에 얼마나 많이 울었을까? 아이는 넘어지는 것이 아프고 두렵다고 절대 걷기를 포기하지 않는다. 그렇게 뛰기 시작한 아이는 넘어져 무릎이 더 심하게 깨질지언정 다시 기어 다니지는 않는다. 아무것도 못 하던 당신이 오직 하나만을 제대로 능숙하게 다룰 수 있는 상태로 성장할 때까지 기억조차 안 나는 그 어린아이의 성장 과정을 그대로 거쳐야 한다는 것을 잊지 말자. 이렇게 당신만의 특별한 상품을 개발하는 시간은 축적되어야 한다. 그러면 당신이 제공하는 상품의 특별한 가치에 시간과 돈을 지급할 고객은 찾아온다. 다소 시간이 걸릴 수밖에 없다. 그 고달프고 외로울 수도 있는 시간을 견뎌내길 바란다. 그 성장이 필요한 시간을 결코 준비한 돈 몇 푼으로 대체할 수 없다.

그런데 아무것도 해보지 않은 아이를 걷게 하겠다고 보행기에 태우면 아이는 척추가 망가진다. 그러니 매출도 부진하고 고객에게 거부당하기도 하는 이 시간을 조급하게 실패로 단정 짓지 마라. 오히려 그 성장의 시간을 건너뛰려 하는 자는 일어서 보기도 전에 무너지게 될 것이다. 뛰는 것은 어림도 없다. 그렇다고 돈으로 그 시간을 사려고 하지 마라. 살 수 없다. 어쩌면 그 시간은 당신이 살아온 인생을 돌이켜 볼 때 가장 행복하게 바쁜 시간일 수도 있다.

3개월이 걸릴지 2년이 걸릴지 모르지만 어느 순간 폭발적인 수요를 감당하기 어려운 시점이 온다. 당신이 살아온 삶과 앞으로 남은 삶이 얼마나 될지 가늠해 본다면 그 수십 개월의 준비 기간이나 기다림의 시간이 대단히 큰 장애가 되지는 않는다는 것을 알 수 있다. 그전보다 더 적은 시간을 일하면서 점점 더 많은 돈을 벌게 될 것이고, 그런 삶의 방식을 전수받고 싶은 사람이 생겨난다. 그때는 당신 사업의 노하우를 남김없이 알려주고 비싼 수수료를 받아라. 그때부터 시간과 일과 돈의 주인으로 사는 것을 즐기면 된다. 모든 결정권을 가졌기 때문에 가능한 일이다. 그리고 점점 더 일하는 시간을 줄여나가면서 수익을 늘려나갈 방법들을 고민해야 한다. 그리고 사업이라고 시작할 생각이면 반드시 세무 공부도 해야 한다. 부가가치세와 종합소득세의 큰 얼개는 알고 시작해야 한다.

　더 많이 벌기 위해서 더 많은 시간 일해서는 안 된다. 언제나 원할 때 필요한 만큼만 벌 수 있다면 당신은 더 자유로운 삶을 살 수 있다. 당신이 앞서 규정한 매뉴얼을 따라 구축한 시스템은 생각보다 견고하기 때문이다. 온전히 선택하는 삶을 사는 당신의 미래를 응원한다.

실행이
답이다:
액션 스쿨

모든 결과물은 실행하지 않으면 나타날 수 없다. 실패든 성공이든 시도하지 않으면 아무것도 이룰 수 없다. 지그 지글러의 말이 아니더라도 너무나 당연한 일이다. 그냥 생각만으로는 어떤 결과도 만들어낼 수 없다. 복권을 사지도 않고 당첨되길 바라는 것과 같다. 매일 같은 삶을 살고 있으면서 더 나아지길 바라는 것도 마찬가지다. 무조건 행동해야 한다. 실패는 결단을 내린 사람들이 누리는 특권이다. 절대 두려워할 일이 아니다.

　이론 물리학의 대가 아인슈타인도 머릿속으로 생각한 것을 논문으로 적어내는 실행의 과정을 거쳐야만 위대한 발견을 해낼 수 있다. 나는 친절한 안내자가 아니다. 창업을 향한 방향성을 제안해 주고 불꽃을 튀겨주는 점화기 역할을 할 뿐이다. 각자가 하고 싶은 전문 분야에 대한 깊은 고민은 스스로 하고 그 결과를 실행에 옮기는 것은 오직 당신의 몫이다.

　모든 계획은 실행하지 않으면 아무것도 아니다. 물론 계획했다고 해서 그대로 되는 일은 없다. 그럼에도 불구하고 해보지 않으면 알 수 없다. 오직 필요한 것은 실행하겠다는 용기뿐이다. 그래서 이번 장은 액션 스쿨이다.

행동하지 않으면 낙제다. 창업 전성시대를 맞이하는 자세는 실행이고, 실행하지 않는 자는 낙오자가 될 뿐이다. 남들과 똑같은 실행이 아니라 애초에 다른 실행이 필요하다. 실행에 필요한 마음가짐을 좀 더 깊게 짚어보자.

안 되는 이유는
끝이 없다

모두가 어떤 일을 하지 않는 나름 합리적인 이유를 찾는다. 혹은 안 되는 이유를 찾거나. 나도 직장을 다닐 때 어떤 일을 주면 수동적인 자세로 그 일을 하기 위한 방법이나 공법이 어떤 이유에서 부적합한지부터 찾았다. 왜 하면 안 되는지가 중요한 이유가 됐다. 문제가 생기면 안 되고, 문제가 생기면 누군가는 책임을 져야 했지만, 누구도 책임지는 일은 하고 싶지 않지 않기 때문이다. 세상의 모든 전문가라는 집단의 태생적인 한계이기도 하다. 안 되는 이유부터 찾는 것은 어쩌면 우리가 책임지지 않기 위해 계속 길들어 온 문화인지도 모른다. 그럴수록 더더욱 그런 기존의 습관에 강한 거부감을 표시하자.

이래서 안 되고 저래서 안 되는 이유는 끝이 없다. 핑계 없는 무덤 없다고 했던가? 지금 고달픈 자영업자들 얘기를 들어보면 현재 상황에 대한 책임을 자신의 잘못보다 외부 환경으로 돌린다. 정부가 자영업자들의 숨통을 끊으려 한다고 생각한다. 급격한 최저임금의 인상이 경제를 망친다고 난리다. 주휴 수당은 없어져야 할 악법이라고 말한다. 정부의 소상공인 지원 정책이 엉망이라고 한다. 그러나 모든 어려운 자영업자를 구제해 줄 수 있는 어떤 정책도 지원도 있을 수 없다. 그건 최소한의 역할을 할 수 있을 뿐이다. 스스로 선택한 길에서 어찌할 수 없는 외부 환경에 넋두리를 하고 있으면 어찌할 방법이 없다. 경기가 나쁘다고, 최저임금이 올랐다고 욕을 한다고 해서 상황이 나아지는 것이 아니다. 매출을 올릴 방법을 찾는 것이 오직 해야 할 일이다.

누군가 최악의 상황에서 시도해 볼 수 있는 방법을 제안하면 '알긴 아는데 어렵다'는 답이 돌아온다. 가장 먼저 자신이 어찌할 수 없는 일들에 푸념하고, 해보지도 않은 일에 지레 겁부터 낸다. 이해는 한다. 실패에 대한 두려움이 크기 때문이다. 그런데 지금 하지 않으면 모든 것을 잃게 될 텐데도 움직이지 못한다. 고정 관념이 너무나 높고 견고하기 때문이다. 그들은 어쩔 수 없이 고통스럽다.

당신도 지금껏 알려준 방법들을 읽으면서 어쩌면 안 되는 이유부터 찾지 않았나? 말도 안 되는 소리라고 생각하지 않았나? 그건 바람직한 방향은 아니지만 굳이 또 나무랄 문제만도 아니다.

살아온 대로 반응하는 것뿐이니까. 앞서 언급한 내용이 사실 거부감이 들 수 있다는 것도 충분히 이해할 수 있다.

그럼에도 불구하고 우리가 그 길을 가야 하는 이유는 단 하나다. 모두가 그 길을 가지 않기 때문이다. 아무것도 가진 것 없는 평범한 우리가 더 뛰어나고 심지어 지금도 더 많은 경쟁자와 경쟁하지 않아도 되기 때문이다. 반대로 말하면 열심히만 하면 모두가 될 것 같은 생각이 들어서 모두가 같은 길을 가고 있지만, 그 길은 생지옥에 다름 아닌 길이라는 것을 모두가 알고 있다. 그 막연하기만 한 '열심히'와 '최선을 다해서' 무언가를 한다는 것은 우리 모두를 끝내 지치고 고달프게 했다. 열심히 하지 않거나 최선을 다하지 않은 사람은 당연하겠지만, 그 막연히 열심히 최선을 다한 사람조차도 좋거나 만족스러운 결과물을 받아들지 못했다. 학창 시절은 두말할 것도 없이 졸업과 동시에 더 치열한 경쟁이 피를 말리고 있다. 결국엔 가지고 싶고, 지키고 싶던 수많은 가치와 목표를 포기하기에 이른다. 취업, 결혼, 출산과 육아, 심지어 자신에게는 하찮을지 모르지만 자신을 사랑하는 가족이나 주변인에게는 그 무엇보다 소중한 목숨까지도. 참 암울한 현실이다.

내가 쓰고 말하는 다소 거침없는, 혹은 파격적인 창업 방식에 대한 주장에 대부분의 자영업자가 비난과 반대를 한다. 그들에게 내가 하는 모든 주장은 말도 안 되는 일일 뿐이다. 그들에게 안 되는 이유는 너무나 많다. 아직 시작하지 않은 사람도 마찬가지 반응을 보인다. 그래서 참 다행이라고 생각한다.

대부분 사람은 무슨 일을 만나면 안 되는 이유부터 찾는다. 무언가 새롭고 재미난 일, 신 나는 일을 해 본 경험이 없기 때문이리라. 그런 기회를 가질 수 없었기 때문이리라. 모두가 가야 하는 정해진 길을 가야 했고, 그 길을 벗어난다는 것은 낙오자의 길이라고 생각하게 만드는 주변과 사회의 분위기에 압도당했기 때문이리라.

학교를 다녔으면 이제 고등학교에 진학하게 될 17세인 첫째 아들은 중학교 1학년 가을부터 학교를 다니지 않았다. 본인도 몇 가지 이유로 다니기 싫어했고, 은근히 공교육의 폐해와 불필요를 언급하며 자퇴를 종용했던 아비의 역할도 있었으리라. 중학교 과정은 의무 교육이라 자퇴라는 용어는 없다. 다만 유급과 유예가 있을 뿐이다. 여튼.

학교를 다니지 않는 사실을 아는 모두가 아이의 앞날을 걱정하고 부모로서의 무책임함을 성토한다. 나는 개의치 않는다. 되려 오직 입시에만 매달려 앞만 보고 달리고 있는 저들의 자녀들과 본인들의 관계가 걱정되지만, 정작 아들은 주변의 시선을 의식하는 것 같다. '평생 초등학교 졸업이라는 학력으로 살 거냐'는 누군가의 진심 어린(?) 조언을 들었나 보다.

중학교 검정고시를 보겠다고 했다. 언제나 선택은 본인이 하되 결과에 대한 책임도 본인이 지는 것이라는 얘길 지겹도록 한다. 다만 해결하기 어려운 일이 생기거든 언제든 아빠가 필요하다고 생각하는 만큼은 도와주겠다고는 한다.

나는 아들이 굳이 대학 입시에 매달리지 않고도 얼마든지 즐겁게 살 수 있는 방법이 있으니 지금 당장 창업하라고 얘기한다. 그러면 무슨 창업을 할 것인지 되묻는데, 좋아하는 일을 하라고 하면 답이 없다. 자신이 뭘 좋아하는지 모르는 거다. 아빠가 쓴 책이라도 읽어보라고 하면 알았다고 하지만 그뿐이다. 그저 게임만 하고 있을 뿐이다. 스마트폰으로 할 수 있는 다양한 놀이만 즐길 뿐이다. 다른 책이라도 읽어보라고 해도 소용없다. 그저 논다. 그 지점에서 주변인 모두가 힘들어한다. 저러다 뭐가 될까 걱정이 되기 때문이다.

하지만 전혀 걱정할 일이 없다. 남들은 아무도 놀아보지 않은 시기에 몇 년 신 나게(?) 놀다 보면 하고 싶은 것이 생기게 마련이다. 안 생기면 또 어떤가? 아빠인 나도 마흔이 넘어서야 찾은 꿈인데, 고작 열일곱이 아닌가? 치열한 경쟁으로 얻을 것은 어차피 아무것도 없거나 상처뿐일 텐데. 그보다는 지금 즐거운 게 낫지 않나? 그조차도 자신의 무기가 될 수 있다. 활용하기만 한다면. 활용할 날은 반드시 있을 테니까.

그리고 지금은 쓰기에도 부족한 용돈을 아껴서 모은 몇만 원으로 주식 투자를 직접 하며 아주 소극적으로 공부를 하고 있다. 당장은 아니겠지만 점점 금융 시장의 흐름에 관심을 갖다 보면 경제의 실체에 관심을 갖게 될 테고, 자연스럽게 돈을 좇다 보면 역사 공부도 하게 될 테고, 역사를 알게 되면 자연히 철학과 인문학에 관심을 가질 수밖에 없다. 그러면 현대 정치에도 관심을 갖게 될 테고 세상이 어떻게 돌아가고 있는지 관심을 가지고 알기 시작하면 할 일은, 하고 싶은 일은 차고 넘치게 된다. 남들처럼만 살아서는 볼 수 없거나 아주 늦게나 보게 될 일들을, 또래의 남들보다 한참 먼저 보게 될 것이다. 나는 그래서 믿는다. 영화《매트릭스》에서 모피어스가 주는 매트릭스를 벗어나는 빨간약을 먹기만 한다면, 그래서 멀리 밖에서 보게 된다면 전혀 다른 생각을 갖고 살 수 있다는 것을.

지금 모두가 같은 길을 가고 있는 이유는, 그래서 치열하게 경쟁하며 고통스러운 삶을 사는 이유는 모두가 하는 방식 이외의 그 어떤 일도 하려 하지 않기 때문이고, 그 이유는 모든 일에서 안되는 이유를 먼저 찾기 때문이다. 그 모든 안되는 이유를 찾으면 끝이 없다. 그 끝없는 길의 끝에는 끝 간 데 알 길 없는 고통만이 있을 뿐이다. 그 길에서 벗어나라. 그 길을 벗어나서 무슨 일이든 되는 이유, 해야만 하는 이유를 찾아보자. 그리고 움직이자.

무엇이든 그렇다. 해야 하는 이유를 찾으면 의외로 답은 쉽게 보인다. 우리는 오직 창업을 목표로 하고 있다. 계속 반복해서 언급했지만 이제는 창업을 하지 않으면 안 되는 이유를 찾는 것은 어렵지 않다.

이미 오래전부터 프로슈머(프로듀서와 컨슈머의 합성어로 사업을 하면서 고객도 된다는 뜻) 열풍이 불었다. 이제는 점점 더 필요성이 강하게 대두하고 있는 것 같다. 프로슈머는 네트워크 마케팅 사업으로 우리 사회에서 오래전부터 다단계 또는 피라미드라는 이름으로 폄훼되어 왔지만, 이제는 소비문화가 달라지고 있고, 생명공학 기술의 발달로 기대 수명이 늘어나고 무인화 시스템으로 점점 고용 불안이 가중되는 상황에서 많은 사람의 지속적이고 경제적인 수익 모델로 인기를 얻고 있다.

나는 암웨이나 유니시티, 허벌라이프 기타 등등의 네트워크 마케팅을 하는 분들을 봐왔다. 최근에는 여동생 부부도 그 일을 시작했다. 그들 모두에게 자신만의 경쟁하지 않는 방식의 창업을 권유했지만, 그들은 한결같이 그것이 자신만의 사업이라고 생각하고 있었다. 자신이 노력한 만큼 성과를 낼 수 있고, 평생 할 수 있는 사업이라고 믿고 주장했다.

일견 맞는 말일 수도 있지만 나는 그렇게 생각하지 않는다. 우선 가장 중요한 가격 결정권이 없는 데다 그들 모두는 각자의 사업이라고 생각하고 있는 그 틀 안에서 동일한 상품을 더 많은 사람에게 지속적으로 팔기 위해 경쟁하고 있기 때문이다. 그들만의 경쟁 시장 안에서 동일한 상품을 판매하고 있기 때문에 유사 상품과의 경쟁력은 전혀 중요하지 않다. 그럼에도 불구하고 그들은 스스로 그 일을 해야만 하는 이유를 찾았다. 그리고 실행하고 있다. 그런 점에서 바람직한 방향이기도 하고 응원도 한다.

얼마나 많은 사람이 시도했고 포기했는지는 중요하지 않다. 경쟁하는 틈바구니 안에서 우위를 점하는 자는 꾸준히 오랫동안 버티며 지속적으로 판매 활동을 해 온 사람들이다. 많은 초심자가 상위 그룹의 성취자들을 보고 자극받고 더 열심히 뛰지만 역시 대부분의 경쟁자는 오래지 않아 포기하고 만다. 그리고 계속해서 새로운 사람들이 그 자리를 되메우고 있다. 흡사 지금의 자영업 시장을 보는 것 같다. 창업으로 성공한 극소수의 사람들을 보고 예비 창업자들은 끊임없이 창업하고 실패하고 그 자리를 다른 창업자가 메우는 식이다.

프랜차이즈 본사는 약정에 따른 모든 약속을 이행했을 경우 가맹점이 잘못되더라도 책임지지 않는다. 당연하다. 본사를 탓할 문제가 아니다. 그 프랜차이즈를 선택한, 한 번도 경험하지 않았던 일을, 큰돈을 주고 시작한 너무나 평범한 그들 스스로의 책임이다. 그럼에도 불구하고 그들 모두 그 결말이 뻔한 창업을 해야만 하는 이유가 있었을 것이다. 모두가 망하더라도 자신은 잘될 것이라는 근거 없는 자신감은 그렇다 치더라도 대부분 그 해야만 했던 이유가 '먹고살기 위해 달리 마땅히 할 게 없어서'라는 게 처절하도록 서글프다.

창업을 해야만 하는 이유가 창업 전성시대이기 때문에, 좋은 일자리가 없어서, 고용이 불안하기 때문에, 퇴직 이후에 지속적인 수익원이 필요해서, 직장생활이 너무 힘들고 수입이 불만족스러워서인 경우가 대부분이다. 쉽게 말하면 단지 돈을 더 많이 벌기 위해서 할 수 없이 선택한 방법이 창업이라는 것이다. 그래선 해야만 하는 올바른 이유가 될 수 없다.

해야만 하는 올바른(?) 이유를 한 번 생각해 보자. 왜 꼭 이 일을 해야만 하는가?

궁극적인 목표는 완벽하게 자유로운 삶을 살기 위해서다. 그러기 위해서는 전제되어야 할 조건이 있다.

중심 가치다. 자신의 중심 가치. 목적의식. 그 가장 중심이 되는 것이 자신의 행복이어야 한다.

즐겁지 않은 어떤 일도 하지 말자. 우리는 영원히 살지도, 두 번 세 번 살지도 않기 때문이다. 우리는 지금 죽어가고 있다. 그리고 언제 죽을지 모른다. 멋지게 살다가 후회 없이 죽기 위해서는 즐거운 일을 해야 한다.

이 세상에서 즐거운 일만 하고 살 순 없어!
더군다나 그런 일이 돈이 될 리가 없지!
치열하게 경쟁하는 게
자본주의 사회의 기본 원리라는 것도 몰라?
세상에 경쟁하지 않는 창업이라니! 지나가던 개가 웃을 일이다!
외부 환경에 영향을 안 받는다고?
국내 최고의 대기업도 외부 환경에 영향을 받는데
영세한 자영업자가 무슨 수로 그런 말도 안 되는
창업을 할 수 있다는 거야?

앞서 우리가 계속해서 만나온 고정 관념의 벽은 그래서 반갑다. 그들은 해야만 하는 이유를 모르기 때문이다. 알고 싶어 하지도 않는다.

해야만 하는 이유는 즐겁게 살기 위해서고 즐겁게 살기 위해서는 내가 가진 결핍, 문제점을 해결해야 한다. 그 결핍을 활용할 수도 있고, 적극적으로 선택할 수도 있다. 갖추고 싶은 모든 것을 버리는 선택을 하면, 해야만 하는 그 일을 하기가 훨씬 수월해진다.

우리는 결핍 덩어리다. 가난하고, 못생기고, 키도 작고, 뚱뚱하고, 소심하고, 말도 더듬고, 고졸이고, 지방대 출신이고, 아프기까지 하다. 그래서 뭐? 그게 뭐 어때서? 그래서 그걸 극복하기 위해 노력해야 할까?

그러나 그런 것들이 우리의 무기가 될 수 있다. 그것도 가장 강력한 무기!

앞서 결핍은 축복이라고 말했다. 우리가 가진 결핍을 적극적으로 활용해서 꼭 해야만 하는 사업을 찾아보자. 못생긴 나도, 못생긴 내가, 못생긴 나만이 할 수 있는 일은 무엇이 있을까?

자신들을 루저라고 부르는 세상을 향해 소리치는 못난이들이 있다. 세상 표준인 것처럼 떠들고 자랑하는 것들에게 소외당한 세상 못난이들에게 응원과 격려를 해주는 사업을 해보자. 온라인에 자신 있게 모습을 드러내자. 당당해지는 방법을 알려주자. 상담도 해주고 교육도 해주자. 그들의 자존감을 높여주자. 뭘 해도 잘하는 잘난 것들보다 더 멋지게 사는 방법을 알려주자. 당신이 시작하면 된다. 그게 법이 된다. 그러려면 당신이 먼저 벗어던지면 된다. 앞서 설명한 비즈니스 리모델링의 전략을 적용하면 된다.

즐거운 인생을 살기 위해 반드시 해야만 하는 이유를 찾으면 그것이 사업이 된다. 몇 년이 걸리더라도 하지 않을 이유가 없다.

한 번 생각해 보자.

　세상에 흔한 어떤 일도 처음에는 어렵다. 그 일을 더 잘하기 위해 혹은 누군가에게 선택받기 위해 선택권자가 요구하는 각종 자격증이나 스펙을 준비하는데 시간과 비용이 든다. 숙달되는 데 최소 1년에서 10년 이상의 시간이 걸리기도 한다. 그 기간 주변인들에게 응원도 받고 격려도 받을 수 있다. 그럼에도 불구하고 그 분야에서 또 경쟁하고 있다는 것, 중하위권에 머물고 있다는 것, 상위권으로 가는 것은 불가능에 가깝다는 것도 알게 된다.

　어떤 유망하고 전문적인 일도 마찬가지다. 그중 최고가 되는 일은 우리처럼 아무것도 가진 것 없는 평범한 사람들은 애초에 불가능하다는 것을 알아야 한다. 설령 가능하다 한들 얼마나 치열하게 경쟁하고 피땀 흘려야 할까? 그런데 그 일을 또 언제까지 할 수 있을 것인가? 더 젊고 더 빠르고 더 잘하는 사람이 반드시 나타나게 마련이고, 굳이 당신이 아니라도 그 일을 할 수 있는 사람은 얼마든지 있다. 그러니 굳이 남들 다 하는 그 일을 오랜 시간과 큰 비용을 들여서 준비하고 숙달할 아무런 이유가 없다. 남들이 다 하는 그 일을 해서는 안 되는 이유다. 너무나 분명하다.

　그런데 세상에 흔하지 않은 게 아니라 없는 일을 한 번 보자. 또 있어도 전혀 상관없는 일이다. 내가 즐거울 수 있는 무한한 창업의 기술을 익혔기 때문이다. 그 일은 따로 돈이 드는 것도 아니고 대단히 뛰어난 능력이 필요한 것도 아니다. 처음엔 세상에 흔한 일과 마찬가지로 서툴고 어렵다. 그 일을 더 잘하기 위해 노력하는 데에 세상에 흔한 일과 마찬가지로 시간과 고통이 따른다. 그 고통은 세상에 흔한 일과는 다르게 주변 사람들의 손가락질일 수도 있고 비웃음일 수도 있다. 시작부터 성장하는 과정 동안 주변 사람들, 심지어 가장 사랑하는 사람에게조차 응원이나 격려를 받지 못한다. 그럼에도 불구하고 계속 한 가지만 파고들면, 숙달되면서 자신만의 해결 방법을 찾을 수밖에 없다. 그 시간이 얼마나 걸릴지는 아무도 모른다. 개인차가 있을 수밖에 없으니까.

그런데 어느 순간 아주 적은 금액이라도 매출이 발생하기 시작하면 신 난다. 더 잘하고 싶은 생각이 들고 해야만 하는 이유는 더 깊어지고 넓어진다. 자신의 결핍을 해결하고, 누군가의 문제점을 해결해 주고 있는 자신이 대견해지고 더 즐거워진다. 고객이 늘어갈수록 누구도 대체할 수 없는 독점 시장을 구축하고 있다는 것을 알게 된다. 이것이 아무것도 가진 것 없는 평범한 우리가 돈 없이 창업해야만 하는 이유다.

이것을 해야 하는 일과 하고 싶은 일이라고 구분해서 말할 수 있다.

어떤 창업을 할 것인지는 스스로를 돌아보는 것으로 시작하자.

도대체 내가 모자란 게 뭐지?

엄청 많다.

그래서 사업을 할 건덕지가 무궁무진하다.

후회의 주인?
선택의 주인!

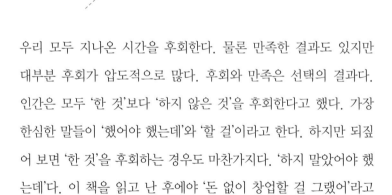

우리 모두 지나온 시간을 후회한다. 물론 만족한 결과도 있지만 대부분 후회가 압도적으로 많다. 후회와 만족은 선택의 결과다. 인간은 모두 '한 것'보다 '하지 않은 것'을 후회한다고 했다. 가장 한심한 말들이 '했어야 했는데'와 '할 걸'이라고 한다. 하지만 되짚어 보면 '한 것'을 후회하는 경우도 마찬가지다. '하지 말았어야 했는데'다. 이 책을 읽고 난 후에야 '돈 없이 창업할 걸 그랬어'라고 생각할지도 모르겠다.

내가 지금껏 써온 수많은 글을 읽은 기존 자영업자들은 '창업하기 전에 읽었더라면 좋았을 것'이라고 한다. 괜히 프랜차이즈를 선택했고, 괜히 크게 시작했고, 괜히 마케팅을 했고, 괜히…. 그들은 시작한 것 자체를 후회한다. 무모했던 선택의 결과인 지금 현재가 너무나 고달프기 때문이다. 어떻게 해볼 도리가 없이 엉망이기 때문이다. 모든 걸 걸었기 때문이다. 모든 걸 잃었기 때문이다. 처음이라 잘 모르는 초보인 주제에. 아무것도 가진 것 없이 평범한 주제에.

그런데 그 모든 선택은 본인이 한 것이다. 후회도 만족도 본인이 선택한 결과고 그 책임은 오롯이 본인에게 있다. 탓하지 말자. 누구의 탓도 아니다. 물론 하는 일마다 재수가 없고, 하필이면 IMF가 터지고, 금융 위기가 오고, 본사가 망하고, 구제역과 조류 독감이 발생하고, 온갖 종류의 바이러스가 확산하고, 김영란법이 시행되고, 최저임금이 오르고, 오픈한 지 반년 만에 바로 앞에 더 큰 경쟁 업체가 생기고, 하루도 끊이지 않고 진상 고객과 말썽인 직원이 혈압을 올리는 이 기막힌 일들은 창업해 본 누구에게나 있는 일이다. 아무것도 가진 것 없는 평범한 우리가 어찌할 수 있는 일이 아니다.

삶을 송두리째 뒤흔들 수도 있고 외부 환경에 취약할 수밖에 없는 창업, 그것을 마주한 순간에 해야 할 중요한 선택을, 과연 우리는 어떻게 해야 할 것인가에 대한 얘길 좀 나눠보자. 어떤 선택을 하면 후회하지 않을 수 있는지에 대한 얘기다.

첫째, 아무것도 걸지 않는 선택이어야 한다. 어떤 선택이든 후회 자체를 하지 않을 수는 없다. 더 잘할 수도 있었을 테고, 하지 말았어야 할 수도 있다. 그건 선택하는 순간에는 알 수 없는 일이다. 창업에 있어서 어떤 선택을 하든 후회를 최소화할 방법은 역시 아무것도 걸지 않는 것이다. 그것이 돈이든, 신의든, 사람이든 잃을 것이 없는 선택을 하면 후회할 일이 적다.

그렇다. 실패하거나 후회는 할 수 있다. 하지만 그 후회는 많은 것을 걸었을 때의 후회와는 전혀 다른 것이다. 만약 만족스럽지 않은 결과, 또는 극단적으로 완벽하게 실패했다 하더라도 다른 방법으로 재시도를 해볼 여지가 너무나 많기 때문이다. 그리고 처음에는 실패해 보는 것이 성장에 더 도움이 된다. 그래서 아무것도 걸지 않은 선택에 따른 후회나 실패는 이미 실패가 아니라 성과물이 될 수 있다.

세상 사람들이 흔히 쓰는 'High Risk, High Return'이라는 말은 그들의 전유물로 양보하자. 아무것도 가진 것 없는 평범한 우리는 그런 위험을 감수할 아무런 이유가 없다. 우리는 높은 위험 부담을 안은 채로 고수익을 원하는 것이 아니다. 우리는 단지 아무것도 걸지 않고, 무한한 수익을 원하는 것뿐이다. 욕심이 많은 걸까?

둘째, 내가 중심이어야 한다. 모든 선택의 중심에는 자신이 있어야 한다. 그 누구도 아닌 자신을 위한 선택이어야 한다. 누구를 위해서도 아니다. 그런 경우 일이 잘못되면 그 누구의 탓을 하게 마련이다. 오직 선택과 결과에 대한 책임은 자신에게 있을 뿐이다. 그러니 어떤 것이 나에게 이로울까 즐거울까만 생각하면 된다. 이기적인 생각이라고 자책할 필요도 없다. 선인장에서 배우면 된다. 내가 즐겁지 않으면 어떤 일도 아무런 의미가 없기 때문이다. 내가 즐거운 창업이 되면 후회하지 않는다. 결국 내 삶의 주인은 나라는 사실을 잊지 말자.

셋째, 극단적으로 줄이는 선택을 해야 한다. 모든 복잡한 것들을 버려야 한다. 복잡한 모든 것들은 창업자 자신을 서서히, 그리고 급격히 지치게 할 뿐이다. 버릴 수 있는 모든 것들을 버리면 후회할 일이 극단적으로 줄어든다.

버려야 할 것들에 대한 얘길 많이 했다. 상권을 버리고, 고객을 버리고, 메뉴를 버리고, 공간을 버리고, 서비스를 버리고, 영업시간을 버리고 계속 버릴 것들을 찾기만 하면 된다. 오직 창업자 자신을 위해서. 그러면 고객들이 열광한다. 후회 없는 선택이 될 것이다. 버려라. 더 적극적으로, 더 극단적으로.

모두가 후회하는 세상에서 후회의 주인으로 살고 있다. 하지 말아야 할 것들을 하고, 해야 할 것들을 하지 않은 후회는 누구도 되돌릴 수 없다. 다른 모든 일에서 그렇듯 창업에서도 대부분의 창업자가 후회하고 있다. 그들은 하지 말아야 할 방법으로 창업했고, 여전히 하고 있으며 벗어나지 못하고 있다. 그리고 계속 반복될 것이다.

자, 이제 창업을 준비하는, 처음이라 잘 모르는 초보 창업자여! 아무것도 가진 것 없는 평범한 예비 창업자여!

후회의 주인이 되는 창업을 버려라. 세상 모두가 권하는 괜찮을 것 같은 창업은 모두 고통스러운 후회를 남기고 있다. 후회 없는 선택을 하자. 아무것도 가진 것 없는 당신을 위한 창업을 하자. 그 모든 선택의 결과에 대한 책임은 당신의 것이다. 작은 욕심을 버리고 거대한 욕심을 가져라. 무한의 주인이 되자. 어떤 선택을 할 것인가는 오직 당신에게 달렸다.

건투를 빈다.

실행의 결과가 달콤하기 위한
조건은 오직 하나다

실행의 결과가 달콤하기 위한 조건은 당연히 아무것도 걸지 않고 창업을 했을 때다. 심지어 실패해도 괜찮은 것은 아무것도 걸지 않았기 때문이며 성공까지 한다면 그 열매는 달지 않을 수 없다. 그리고 결국 실패할 수도 없다. 약간의 시간을 잃었을 뿐이고, 안되는 이유를 깨달았기 때문이다. 그래서 실패라고 말하기 더 어렵다. 오히려 성공에 한 걸음 성큼 다가섰다고 보는 것이 옳다.

영세한 자영업자가 많은(?) 돈을 투자해서 시작한 사업은 성공하기도 어렵겠지만, 성공한다 하더라도 만족할 만한 성과를 내기가 어렵다. 간혹 괄목할 만한 성공담을 알려주는 기사도 있고, 그런 사람도 있다. 하지만 그들은 1% 미만의 소수의 사람일 뿐이다. 그들은 뭘 해도 잘할 사람, 뛰어난 사람들일 뿐이다. 결코 평범한 사람이 경쟁해서 이길 수 있는 사람이 아니다.

평범한 대부분의 창업자는 세무 회계적인 개념이 거의 없이 진입하기 때문에 매출에 연연한 나머지 할인과 서비스를 남발한다. 영세한 자영업자에게 할인과 서비스는 망하는 지름길이라는 것을 모른다. 그래서 사업자로서 갖춰야 할 최소한의 세무와 회계에 관한 지식은 반드시 필요하다.

아주 간단히 짚고 넘어가자면, 통상적인 마진율을 가져가는 점포 창업의 경우 할인을 10%로 하면 순이익을 할인 전과 동일하게 맞추기 위해서는 매출이 무려 2배가 되어야 한다. 이론적으로는 그렇다. 말도 안 되는 상황 같겠지만 대부분의 자영업자가 모른다. 그래서 할인은 치명적이다. 함부로 해서는 안 되는 미친 짓이다.

그런데 당장 해결해야 하는 임대료와 인건비 등의 고정비 때문에 눈앞의 매출에 얽매이면 앞뒤 가리지 않고 할인 행사를 한다. 매출은 많아졌는데 고정비, 변동비 빼고 나면 남는 게 없다고 아우성이다. 그러고는 나라 탓을 하고 있다. 왜 그런 일이 일상적으로 생기냐 하면 대부분의 창업자가 세무와 회계는 자기 일이 아니라고 생각하기 때문이다. 그냥 시작할 때부터 좋거나 친절하거나 능력 있는 세무 대리인부터 찾고, 그들에게 맡기고 시작한다. '세무에 신경 쓸 시간에 사업에 집중해야 한다'는 말도 안 되는 변명으로 시작한다. 앞서 언급한 바 있지만 개중에 성공하는 사람은 자본의 여부와 상관없이 그냥 뛰어난 사람일 뿐이다. 그들은 뭘 해도 잘할 사람이기 때문에 애초에 경쟁 상대라고 생각조차 하지 마라. 이길 수 없다. 어차피 평범한 우린 경쟁하고는 안 맞다.

다시 말하자면 창업의 성과가 달콤하기 위해서는 아무것도 걸지 않고 창업하는 것이다. 그러면 실패해도 부담이 없고 재도전이 얼마든지 가능하다. 그렇게 몇 번 실패해보면 어느 순간 근육과 근력이 늘었다는 것을 알게 된다. 걷기 위해 수천 번을 넘어져도 다시 일어서는 어린아이처럼 말이다. 그러면 매출이 늘어가는 순간이 오고 점점 창업에 대한 자신감이 생기고 응용 능력이 급격히 성장하기 때문이다. 다른 무슨 일을 하더라도 큰돈 들이지 않고도 얼마든지 성장할 수 있다는 것을 알게 되기 때문이다. 그때부터는 엄청난 일들이 기다리고 있다.

생각해 보자. 처음부터 아무것도 없이 시작해서 돈을 좀 벌었다. 가족이 생계를 유지하는 데 별 어려움이 없는 수입이 생겼다. 이제 돈 없이도 할 수 있는 일들이 얼마든지 있는데 그 일이 당장 매출이 발생하지 않는다 하더라도 먹고사는 데 전혀 지장이 없다면 어떻게 될까? 조급해질까? 실패할지도 몰라 두려울까? 전혀 그렇지 않으리라는 것을 이제는 알 수 있지 않나?

가볍게 시작하는 것은 모든 창업자가 갖춰야 할 필수 조건이다. 아니 모든 창업자의 의무다. 그런데 대부분 그렇게 생각하지 않는다. 그 많은 사람에게 고마워하자. 그들은 이제 당신의 경쟁 상대가 될 수 없기 때문이다. 그들은 그들만의 리그에서 피 터지게 싸우다가 장렬하게 전사할 것이다. 계속해서 그 빈자리를 채우는 수많은 경쟁자가 계속해서 더 많은 돈과 새로운 아이템과 시스템으로 진화하면서도, 결국 그전의 자영업자들과 같은 결과를 맞이하게 되는 동안에도, 아무것도 가진 것 없는 평범한 당신은 여유롭게 사업을 운영해 나갈 수 있다.

당신이 어떤 사업을 어떤 방식으로 진행할지는 아무도 모른다. 그런데 그 끝이 행복할지 불행할지는 분명히 알 수 있다. 모든 걸 걸었는지 아닌지를 보면 안다. 아무것도 가진 것 없는 평범한 우리에게 배수의 진 같은 건 필요 없다. 아무것도 걸지 마라.

세상의
주인이 되는 법:
무한도전

세상은 누구의 것일까?

저 하늘과 바다는 누구의 것일까? 저 아름다운 사계절의 산과 강은 누구의 것일까? 저 시원한 바람은 누구의 것일까? 저 거센 파도의 포말이 부서지는 수많은 바위섬은 누구의 것일까? 저 바닷가 화려한 호텔은 누구의 것일까? 강가의 노을을 바라볼 수 있는 아름다운 카페는 누구의 것일까? 몇 시간씩 줄을 서야 먹을 수 있는 저 유명한 맛집은 누구의 것일까? 모두를 편하게 원하는 곳으로 데려다 주는 택시는 누구의 것일까? 건강한 몸을 만들기 위해 매일 가는 피트니스 클럽은 누구의 것일까? 거리마다 동네마다 넘쳐나는 저 많은 멋진 아파트는 모두 누구의 것일까? 거리마다 넘쳐나는 저 멋진 승용차들은 누구의 것일까? 세상 곳곳에 널린 은행들은 다 누구의 것일까? 그 안에 가득 채워진 돈은 또 누구의 것일까?

또 뭐가 있을까? 꼭 집어 누구의 것이라고 말할 수 없는 것들과 주인이 있는 그 모든 것들이 과연 누구의 것일까? 등기부 등본상에 이름이 명시된 그들의 것일까? 얼마나 오랫동안 그들이 그것들을 소유할 수 있을까? 당신은 그것들을 소유해 본 적이 있는가?

우리는 그 많은 것들 중 아주 미소한 일부를 소유하기 위해 엄청나게 오랜 시간과 큰 비용을 들여서 삶의 아주 많은 부분을 낭비하면서 살아왔다. 우리가 진짜 가진 것이 무엇일까?

그것은 무한이다. 우리는 무한한 창업의 기술을 이미 익혔다. 그 기술이 몸에 안 맞고 낯설 수밖에 없다. 처음이기 때문이다. 익숙해지길 바란다. 그래서 자유자재로 다룰 수 있길 바란다. 태어나 뛰어다니게 되는 순간까지의 노력과 실패의 과정을 다시 한 번 떠올려보면 된다.

"당신이 소유하는 것들이 결국엔 당신을 소유하게 되지."
"우린 필요도 없는 고급 차나 비싼 옷을 사겠다고
개처럼 일한다."
"진정한 자유를 느끼려면 모든 걸 다 잃어봐야 해."

브래드 피트가 열연한 영화 《파이트 클럽》(1999)에서 브래드 피트가 한 말이다. 그리고 그는 자신에게 필요한 모든 것이 갖춰진 고급 아파트를 폭파해 버리고 빈민촌의 폐가에서 노숙자의 삶을 산다.

모든 걸 잃어보면 애초에 필요한 모든 것을 가지고 있었다는 사실을 알게 되지만 아무도 모른다. 그 모든 것을 아무도 뺏을 수 없다는 것을. 그 놀라운 비밀을 아는 사람은 몇 명 없다. 왜냐하면 우리는 대부분 모든 것을 잃어볼 기회가 없었기 때문이다. 그리고 그 기회를 악착같이 멀리한다. 아무것도 잃고 싶지 않기 때문이다.

그건 당연하다. 누구도 강요할 수 없다. 그럼에도 불구하고 본의 아니게 모든 것을 잃어 본 사람은 진짜 지켜야 할 중요한 것이 무엇인지 깨닫기도 한다. 최소한 그동안 자신이 악착같이 매달렸던 그 사업과 부의 축적은 아니라는 것은 깨닫는다. 아무것도 잃고 싶지 않은 사람들은 그래서 무언가를 걸고 도전하는 것을 두려워한다. 그렇지만 그들은 또 모든 것을 걸고 무언가를 한다.

무언가를 걸고 도전하는 것은 절대 바람직하지 않다. 전혀. 두려워해야 마땅하다. 그러니 아무것도 걸지 마라. 그래서 지금 가진 것을 아무것도 잃지 않고서도 모든 것을 가지는 것이 전혀 어렵지 않다는 얘길 지겹도록 하고 있는 거다. 전혀라고? 그렇다. 전혀. 지금껏 별것도 아닌 것들을 가지기 위해 쏟은 노력과 시간과 돈에 비하면 전혀 어렵지 않다는 얘기다. 항상 상대적인 가치에 관심을 두자.

우리가 가지려고 애쓰며 많은 시간과 비용을 투자하는 그 이유가 무엇인지 한 번 생각해 볼 필요가 있다. 물론 그런 물질에 대한 소유 욕구가 나쁘다고 말하는 것이 아니다. 우리 소중한 삶의 대부분을 쏟아 부을 만큼 중요한 것들인지, 삶에 꼭 필요한 것들인지 고민해 보길 바란다는 뜻이다. 설령 그렇다 하더라도 결코 경쟁을 통해서는 그 소중하다고 생각하는 것들을 가질 수 없다는 것을 인정하자. 그리고 도전하자. 우리의 아름다운 삶을 더 멋지게 만들자.

해야 하는 일
vs 하고 싶은 일

자영업자들, 그렇다. 난 자영업자들에게 관심이 많다. 자영업자들이 580만 명이라는데 그러면 전 국민의 10%가 넘는다. 그 안에 가족까지 포함하면 관련 종사자가 전 국민의 20%가 될 수도 있겠다. 어마어마한 숫자인 것은 맞다.

　국가는 국민을 보호하고 국민의 목소리에 응답하고 국민이 원하는 대로 해야 한다. 그건 당위다. 하지만 교과서에서나 나오는 얘기다. 그런데 단 한 번이라도 그런 국가를 가져 본 대한민국 국민이 있을까? 없다고 본다. 세계에도 손에 꼽을 만큼 없을 거라 본다. 하지만 기득권층은 자기들 스스로 잘 먹고 잘살고 원하는 대로 살고 있다. 모두 그곳을 향해 열심히 달리고 있는 건가? 그들의 견고한 성에 들어가기 위해서? 그것은 거의 불가능에 가깝다. 0.1% 미만.

대부분의 국민은 불평등과 불합리를 늘 온몸으로 부딪히며 그 높은 곳을 향해 올라가기 위해 살아가고 있다고 해도 과언이 아니다. 거의 불가능에 가까운 목표를 이루기 위해 고통스러운 삶을 선택한다. 그 고통이 자영업자와 근로자로 나뉘지 않는다. 80% 이상의 경제적 약자들은 다 같은 고통을 겪고 있다.

경제적 약자의 입장에서 그럼 우린 어떻게 해야 할 것인가에 대한 얘길 계속하고 있다. 대부분의 영세한 자영업자들은 자신들이 근로자들에 비해 역차별 받고 있으며 심지어 국가가 죽이려 하고 있다고 생각한다. 하지만 국가에서 해줄 수 있는 도움은 제한적일 수밖에 없다. 모두를 구제할 수 없다. 모두가 행복하게 잘사는 나라는 현실에선 가능하지 않기 때문이다. 그럼에도 불구하고 우리는 행복하게 살아가야 한다. 이 지점에서부터 냉정하게 생각해봐야 한다. 학창 시절부터 졸업 후에 취업이나 창업을 하고 나름의 삶을 얼마나 치열하게 살아왔는지 말이다.

나도 중고등학교 때 나름 열심히(?) 공부했다. 그런데 항상 하위권에 머물렀다. 머리도 나빴다. 대부분의 사람은 중고등학교 다닐 때 전교 1등은커녕 반에서 1등 하는 것도 힘들었다. 1등은커녕 등수 1등을 올리는 것도 힘들다. 왜냐하면 모두 미친 듯이 열심히 하기 때문이다. 똑같은 공부를 누가 더 잘 외우고 잘 푸는 걸로 서열이 정해지는 세상에서는 오직 그 길만이 사람 대접 받는 유일한 길이었다. 심지어 모든 것을 버리더라도 자식만은 지켜내고 싶은 부모에게서조차 말이다.

우리의 아이들은 애초에 그 누구보다 오직 부모에게 인정받길 원한다. 사랑받길 원한다. 그게 아이들이 원하는 전부다. 그 원초적인 욕구가 채워지지 않고 거부당할 때 다른 누군가로부터 인정받고 싶은 욕구를 채우기 위해 이해할 수 없는 행동을 서슴지 않는다. 그런데 그 부모는 아이가 공부를 잘하기를 원한다. 그래서 좋은 대학에 가고 좋은 직장을 얻기를 바란다. 여전히 일차원적인 사고를 하는 부모가 넘쳐난다. 아이가 행복하길 바라기 때문이란다. 그럼 아이들은 미친 듯이 공부한다. 오직 부모에게 사랑받기 위해서다.

"아유 말도 마세요. 우리 아이는 애살이 많아서 지가 학원을 보내달라고 난리를 쳐서 어쩔 수 없이 보내요."

그게 아이가 진짜로 원하는 건지, 부모가 원하는 게 아이에게 투영된 건지 부모만 모른다. 당신이 그런 부모라면 심각하게 고민해 봐야 한다. 당신의 아이가 전교 1등을 할 리도 만무하지만 만약 그렇다 하더라도 그것이 그 아이의 행복을 보장해주지 않는다. 절대!!

멀리까지 와버렸다.

그렇게 학창 시절을 보내온 지극히 평범한 사람이 취업을 준비하고, 어렵게 들어간 직장에 다니다가 한참 후에 창업을 준비한다. 그들이 취업과 창업을 위해 선택하는 방식은 오직 더 나은 성적을 위해 치열하게 경쟁하며 살아온 학창 시절의 방식과 크게 다르지 않다. 이것은 취준생과 공시생의 현실이다. 경쟁에서 이기는 것만이 살길이라고 생각한다. 무턱대고 좋다는 데는 모두 응시하고 경쟁한다. 눈높이가 다르지 않다. 그러니 경쟁률, 높다. 몇십 대 일은 우습고 몇백 대 일도 있다. 그 몇 안 되는 자리는 굉장히 공부를 잘하는 소수가 차지하고, 재수 없을 경우 고위 공직자나 권력자의 자녀들이 차지하기도 한다. 강원랜드 채용 문제가 그랬고 수많은 신의 직장이라는 곳은 구설수에 올랐다. 내 자녀가 몇 년간 미친 듯이 준비해서 공채에 응시했는데 똑 떨어지고, 권력자의 친인척이 대부분 합격한 사실을 알고 자살을 해버렸다. 그럼 그 부모 마음이 어떨까?

"아유 한심하게 그거 좀 떨어졌다고 죽냐?"

그럴까? 가슴이 찢어진다. 눈에 뵈는 게 있을까? 우리 주변에 그렇게 가슴 찢어지는 억울함이 넘쳐난다. 금쪽같은 자식 잃고 찢어지는 부모 마음을 조금이라도 헤아린다면 누구도 함부로 말할 수 없다. 말해서도 안 된다.

경쟁을 자본주의 사회에서의 당연한 과정이라고 말하는 폭력적 권위를 부정하는 것으로 시작해야 한다. 전혀 당연한 것이 아니다. 공정과 공평의 정의로운 사회를 원하는가? 선택받기 위해 모든 것을 바치는 사람에게 그런 세상은 없다.

창업자들도 마찬가지다. 그리고 그 대부분이 영세한 자영업자들이다. 그 안을 들여다보면 정말 미치고 팔짝 뛸 별의별 사정들이 가슴을 아프게 한다. 학창 시절 그렇게 열심히 공부했던 것처럼 자영업자들은 아침부터 밤늦게까지 또는 새벽까지 정말 열심히 일한다. 가정의 울타리가 붕괴하는 것은 당연하게 받아들인다. 도대체 뭘 위해서인지 모르겠다.

학교 다닐 때처럼 정말 열심히 하는데 성적은 그대로였던 것처럼 왜 매출은 안 오르는지 너무 쉽게 알 수 있다. 모두 미친 듯이 열심히 경쟁하고 있기 때문이다. 그들이 나태해서 망하는 것이 아니다(물론 한심할 정도로 나태하고 무책임한 사람도 일부 있긴 하다).

그런데 아무리 불경기라도, 최저임금이 올라도, 비가 오나 눈이 와도, 그 어떤 악조건이 있더라도 매일 줄 서는 가게는 있다. 항상 1등을 하는 놈이 있었던 것처럼 말이다. 그들은 그저 뛰어난 자들일 뿐이다. 자금은 나중 문제다. 심지어 전혀 중요하지 않다.

지겹도록 언급해 왔지만 대부분의 자영업자는 한계가 뻔한 수준의 돈으로 시작한다. 프랜차이즈를 알아보고, 상권 분석하고, 세무 대리인에게 맡길 생각부터 하고, 일단 직원 한두 명 채용해야 할 정도로 크게 시작한다. 그 결과는 대부분 폐업으로 정리된다. 폐업하지 않더라도 그에 준하는 상황에 직면한다. 그리고 계속 외부 환경을 탓한다.

불경기와 정부의 부족한 정책과 지원, 최저임금의 인상 등등 그 어떤 외부의 도움도 크게 도움이 될 수 없다. 왜냐하면 모두 같은 현실이기 때문이다. 스스로 변화하지 않으면 답이 없다.

왜 시작했는지 어떻게 시작했는지 돌아보면 비슷하다. 큰 차이가 없다.

돈을 벌어야 하니까, 그런데 실패하면 안 돼!!

그래서 시작이 비슷하다. 누가 시키기라도 한 것처럼. 꼭 사랑받기 위해 공부만 열심히 했던 것처럼. 맹목적이다. 돈을 벌기 위해. 더 많이 벌기 위해.

그렇게 시작하면 돈을 벌어야 하기 때문에, 더 많이 벌어야 하기 때문에 무조건 '해야 하는 일'이 된다. 종일 일해야 하고 일 년 내내 하루도 쉴 수 없다. 아무리 오래 일하더라도 원하는 만큼 벌 수 없기 때문이다. 원하는 만큼 벌기 위해서는 더 오래 일해야 한다. 명절도 없다. 하지만 그 한계는 너무나 분명하다. 오랫동안 일한다고 해서 손님이 끊임없이 오지는 않기 때문이다. 그렇게 더 많이 벌고 싶은 경쟁자들이 끊임없이 생겨나고 사라지는 동안에도 그 안에서 절대 무너지고 싶지 않기 때문에 더 열심히 일해 보지만 지옥 같은 현실은 나아지지 않는다. 그런데 그렇기 때문에 결국 무너진다는 것을 모른다. 모든 것을 잃는다.

이렇게 '해야 하는 일'은 억지로 하기 때문에 즐겁지 않다. 즐겁지 않은 일을 계속하면 지친다. 지치면 어떤 일도 잘할 수 없고, 잘하지 못하면 좋은 상품을 제공할 수 없다. 그러면 고객은 외면한다. 그게 지금 곡소리 나는 영세한 자영업자들이 당면한 실체적 진실이다.

국가의 탓만이 아니다. 물론 좋은 일자리가 없고, 획일화된 교육 시스템과 각종 문제가 많다. 그건 차츰 개선해 나가야 할 문제지 당장 개개인이 어찌해 볼 수 있는 일이 아니다. 그 탓을 하기 전에 지금 당장 내가 살아가야 할 방법에 대한 고민을 하는 것이 먼저라는 얘기다. 스스로 어떤 선택을 하느냐가 그만큼 중요하다는 얘기다. 우리가 어찌할 수 있는 일에 대해 집중하자는 얘기다.

그래서!!

하고 싶은 일을 해야 한다. 즐겁게 해야 한다.

그러면 어떻게 해야 할까?

다르게 시작해야 한다.

하고 싶은 일만 하고 살 수 있을까?

하고 싶은 일만 하고 살아도 짧은 게 인생이다.

하고 싶은 일을 해서 돈을 벌 수 있을까?

하고 싶은 일을 해야 제대로 돈을 벌 수 있다.

그 얘기를 하고 있다.

선인장처럼 이기적인
창업가가 되자

선인장처럼 이기적인 창업자가 되어야 한다. 그 누구도 아닌 자신을 위한 창업을 해야 한다. 그런 의미에서 가장 이기적인 식물인 선인장의 특징을 한 번 살펴보고 우리의 창업에 어떻게 활용할 것인지 고민해 보자.

선인장은 환경의 지배를 받지 않는다.

어떤 식물도 살 수 없는 뜨거운 사막에서도 전혀 어려움 없이 살아갈 수 있다. 우리의 창업도 외부의 환경에 영향을 받지 않아야 한다. 금융 위기가 와도, 경기가 불황이어도, 태풍이 와도, 최저임금이 엄청 올라도, 물가 상승률이 높아도, 어떤 구석진 곳에서도 전혀 상관없이 운영할 수 있어야 한다. 그게 가능할까? 얼마든지 가능하다. 선인장처럼 창업하자.

선인장은 한 방울의 물도 낭비하지 않는다.

모든 식물에는 물이 생명이다. 그 생명과 같은 물을 철저히 아껴서 살아남는다. 처음이라 잘 모르는 초보 창업자에게는 돈이 생명이다. 그 소중한 돈을 한 푼도 낭비해서는 안 된다. 상권 분석을 해야 한다고 맡기고, 비싼 바닥 권리, 시설 권리, 영업 권리라는 명목으로 권리금이란 권리금은 다 주고, 멋지고 깔끔하게 인테리어한다고, 여기저기 홍보한다고 생명 같은 소중한 돈을 흥청망청 써서는 안 된다. 세무에 대해 아는 게 하나도 없다고 세무 대리인부터 알아보는 어리석은 짓은 절대 해서는 안 된다. 혼자서는 도저히 감당할 수 없다고 한 번도 경험해 본 적 없는 일을 하면서 직원부터 채용하면 반드시 고달픈 상황에 직면하게 된다. 최대한 아껴 쓸 데도 안 쓰고, 안 쓸 데는 더 안 써야 한다. 대부분 반대로 하기 때문에 망한다. 굳이 생명 같은 돈 써가며 창업할 이유가 없다.

선인장의 구조는 단순하고 군더더기가 없다.

그냥 물을 최대한 많이 보존하는 몸통과 수분 증발을 최소화할 수 있는 가시뿐이다. 우리의 창업 역시 할 수 있는 한 최대한 단순화해야 한다. 오직 하나만 제대로 하는 방식을 택하고 버릴 수 있는 모든 것을 버리는 전략을 세워야 한다. 어떻게 하면 더 수월하게 일할 수 있을지, 최소한의 일을 위해 불필요한 것들은 뭔지, 꼭 필요한 것 외에는 어떤 것도 갖추지 말자. 새로 시작하는 모든 것은 복잡하면 복잡할수록 더 빨리 지치고 망한다. 명심하자. 가장 완벽한 것은 모든 것을 갖추는 것이 아니라 아무것도 버릴 것이 없는 상태라는 것을!

선인장의 잎인 가시는 자신을 방어한다.

선인장의 가시는 수분의 증발을 최소화하기 위해 면적을 최소화한 잎이다. 그 잎은 오직 생존을 위해 단순화한 결과다. 그 결과 초식 동물들에게 먹이가 될 가능성을 애초에 없애 버렸다. 창업할 때 어떤 것이든 오직 하나를 제대로 하기로 하고, 도움되지 않고 일만 많아질 것이 뻔한 불필요한 모든 것들을 버려서 최대한 단순화하기만 하면 경쟁하지 않는 독점 시장을 구축할 수 있다. 어딜 가서도 구할 수 없는 상품을 제한 수량으로 짧은 시간만 팔고, 일주일에 3일만 혹은 하루만 파는 방식을 택할 수 있어야 한다. 철저히 자신을 보호하는 방식으로 운영하는 것이다. 나의 소중한 시간과 가족을 지키는 창업이다. 무한한 창업의 기술을 발휘하기만 하면 된다. 그것이 무엇이든지!

선인장은 위험해 보이고 상대에게 위협을 준다.

누구도 섣불리 만질 생각을 하지 않는다. 그것이 직업이 아닌 이상 다칠 게 뻔해 보이는 일을 할 사람은 없기 때문이다. 우리가 하려는 '아무것도 없이 시작하려는' 창업 전략은 창업에 대한 고정 관념을 가진 사람들이 보기에 무모해 보이고 터무니없어 보이기까지 하기에 그들은 섣불리 시작할 엄두도 못 낸다. 사업이 서서히 성장하고 알려지면 따라 하고 싶은 사람이 생기지만 도저히 따라 할 엄두도 못 내기 때문이다. 더군다나 메뉴가 하나뿐인 방식이라고 하면 손사래를 치거나 비웃을 뿐이다. 유사한 상품이나 서비스에 비해 비싸기까지 하기 때문에 그 가격을 받을 수 있을 거라는 확신도 가질 수 없다. 그렇게 어차피 해야 할 창업이지만 창업에 대한 두려움은 누구에게나 있다. 우리가 추구하는 창업 방식은 대부분의 창업자에겐 더 두렵다. 전적으로 몰라서 그렇다. 잃을 것이 없는데 두려울 이유가 있을까?

선인장은 타인에겐 위험하지만 자신에겐 최선이다.

자신의 가시에 자신이 다칠 이유가 없기 때문이다. 단순화된 우리의 창업 방식은 창업자 자신에게 너무나 편하고 좋다. 오직 하나밖에 하지 않기 때문에 여러 가지 골치 아픈 일들이 없고, 더 적게 일하고 더 많이 벌기 때문에 자유롭고 행복한 삶을 살 수 있다. 하지만 창업자의 상품을 구매해야 하는 고객들은 불편하다. 한정 수량을 판매하기 때문에 항상 줄을 서야 하고, 영업시간도 짧아서 못 살 때도 있기 때문이다. 그렇다고 다른 데서 살 수 있는 것도 아니라서 짜증 나는 모든 불편을 감수해야 한다. 그런데다 구석진 곳에 있고 비싸기까지 하다.

이렇게 선인장은 가장 이기적인 식물이다. 오직 자신만을 위해 타인을 위협하며 어떤 환경에도 굴하지 않고 물 한 방울 낭비하지 않으면서 당당하게 살아가는 식물이다. 창업을 하려거든 선인장처럼 완벽하게 이기적으로 시작해야 한다.

선인장처럼 꼭 필요한 자원을 철저히 아껴 쓰는 식물은 없다.

타인에게 위협이 되지만 그럼에도 불구하고 가장 아름다운 꽃을 피운다. 오래도록 살아남아 메마른 사막에 산소를 공급해 준다. 그래서 선인장은 가장 이기적이면서 가장 이타적인 식물이다. 모두가 두려워하는 방식으로 창업해서 더 적게 일하고 더 많이 버는 시스템을 구축하고, 모두가 힘들어하는 자영업 시장에 그리고 두려운 예비 창업자들에게 희망을 준다. 그래서 선인장에서 배운 창업은 이기적이면서도 이타적이다.

창업은 최소한의 자원으로 시작해야 한다. 사람 하나 안 다닐 것 같은 가장 구석진 곳에서, 극도로 단순화된 시스템을 구축하고, 오직 하나만 제대로 하면서 까칠하게 고객의 선택권을 박탈해 버리고, 제한된 시간 동안 제한된 수량만 팔면서 줄 서게 만들지만, 비싸게 팔고, 더 적게 일하면서 풍요로운 삶을 누린다. 더 많은 곳으로 확산시키면서 오랫동안 살아남는다. 그리고 내가 겪고 있는 불편함이나 결핍을 해소함으로써 누군가의 문제를 해결해주는 목표를 세운다. 이기적으로 창업하고 모두에게 존경받는 놀라운 경험을 해보자. 세상에서 가장 행복한 사업가가 되어 보자.

진짜 주인의
올바른 자세

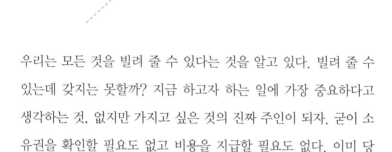

우리는 모든 것을 빌려 줄 수 있다는 것을 알고 있다. 빌려 줄 수 있는데 갖지는 못할까? 지금 하고자 하는 일에 가장 중요하다고 생각하는 것, 없지만 가지고 싶은 것의 진짜 주인이 되자. 굳이 소유권을 확인할 필요도 없고 비용을 지급할 필요도 없다. 이미 당신의 것이었기 때문이다. 모든 곳에 작은 성의만 보이면 된다.

진짜 주인이 되는 방법은 정말 간단하다. 주인의식을 갖기만 하면 된다.

1) 수영장의 진짜 주인

셋째가 졸라서 내 소유지만 잘 안 가는 수영장엘 다녀왔다. 25m 성인용 풀 하나, 20m 유아용 풀 하나가 있는 작은(?) 수영장이다. 강사도 몇 명 있고, 안전 요원도 상시 근무 중이다.

수영장을 매일 청소도 하고 관리해 주시는 분들 덕분에 우린 아무 때나 가서 즐기고 오기만 하면 된다. 내 수영장을 잘 관리해 준 대가로 수고비 5,600원 드리고 왔다. 만약 내 수영장에서 수영하고 싶은 분은 그냥 가서 즐기면 된다. 내 허락 따윈 받지 않아도 된다. 그냥 그들에게 수고비만 주면 된다. 행여 내 이름을 팔고 갑질할 생각은 하지 말고.

2) 샌드위치 가게의 진짜 주인

아내와 구민 보건소에 다녀왔다. 임신 초기에 복용하는 '엽산'이란 걸 받으러 갔다. 간 김에 보건소 정문 앞에 있는 내 소유지만 운영을 맡겨두고 잘 가지 않는 샌드위치 가게에 갔다. 이곳은 내가 주인이라서가 아니라 원래 시스템이 재료를 종류별로 취향에 맞게 골라 먹을 수 있다. 직원 두 명이 아내의 주문에 따라 맛있는 샌드위치를 만들어 준다.

사실 그들은 내가 주인인지조차 모른다. 굳이 알릴 필요도 없다. 가을바람이 선선해 약간 싸늘한 느낌까지 있어서 냉방을 하지 않아도 되지만 에어컨을 빵빵하게 틀어서 매장은 좀 추운 느낌이었다. 하지만 아무 말도 하지 않았다. 주인이랍시고 전기요금 아껴야 하는 거 아니냐고 굳이 잔소리하고 싶지 않았다. 알아서 하라고 맡겨둔 거니까. 그리고 샌드위치 두 개와 음료 잔을 받아들고 자리에 앉았다.

매장도 잘 관리해 주고, 맛있는 샌드위치도 만들어 줘서 고맙다는 표시로 수고비를 11,800원을 주고 맛있게 먹고 쓰레기를 치우고 나왔다. 나는 갑질하는 진상 주인이 아니기 때문이다.

3) 국숫집의 진짜 주인

공휴일 아침 느지막이 일어나 어중간한 아침을 먹었다. 그리고 아내는 뜬금없이 국수가 먹고 싶다고 해서 역시 내 소유의 국숫집에 갔다. 안락동의 한적한 도로변에 있는 국숫집이다. 셋째도 같이 갔는데 치즈 돈가스도 있다며 무척 좋아했다. 셋이 가서 밀면 곱빼기, 비빔국수, 등심 돈가스, 치즈 돈가스를 시켰다. 맛있게 잘 먹었다.

사실 이 국숫집은 내 소유지만 임대 계약서상에는 다른 명의로 되어 있다. 그분은 자신이 이 국숫집의 진짜 주인이라고 믿고 있다. 주인의식을 갖고 열심히 일하는 것은 정말 좋은 일이다. 그래서 오늘도 어김없이 내 소유의 국숫집인데도 불구하고 주인의식을 갖고 자신의 가게인 것처럼 열심히 일해줘서 고맙다고, 우리 가족이 맛있게 먹을 수 있도록 점심을 준비해 줘서 고맙다고, 2만원을 드리고 왔다. 내가 주인이라고 해서 공짜로 달라고 해서는 안 되는 거니까.

4) 멋진 카페의 진짜 주인

아내와의 저녁 산책은 일상이다. 거의 매일 저녁 식사를 마치고 애들은 내팽개쳐두고 둘이 산책길에 나섰다. 산책 후에 들르는 카페에서는 내가 주인이라 그런 건 아니었지만 보통 아메리카노 벤티 사이즈 한 잔을 시키고 머그잔을 하나 더 달라고 해서 아내와 나눠 마신다. 그 카페에는 서너 명의 바리스타가 항상 나의 주문을 받기 위해 기다리고 있다. 우리는 답답한 1층보다 널찍하고 천정도 높은 2층에서 시간을 보내다 오곤 했다. 그들은 내가 이 크고 멋진 카페의 주인이라는 것을 모르지만 늘 친절하게 맞이해 준다. 굳이 알 필요도 없다. 그저 맛있는 음료를 만들어 주기 위해 열심히 일할 뿐이다. 사실 이건 비밀인데, 난 이 크고 멋진 카페를 만드는 데 한 푼도 들이지 않았다. 완전히 공짜로 이 카페의 주인이 되었다.

최근 소문에 의하면 스타벅스 본점에서 구조 조정을 한다고 한다. 누군가 '스타벅스 너마저'라는 씁쓸한 얘길 했다. 길에 차고 넘치는 카페들은 포화 상태란다. 그런데 또 카페를 차린다고 준비를 한다. 크고 멋진 카페의 주인이 되고 싶다는 사람들을 본다. 하지만 대부분은 작고 어려운 카페의 노예가 된다. 가짜 주인들이 진짜 주인인 척 카운터에서 주문을 받고, 커피를 내리고 설거지를 한다. 그리고 얼마 지나지 않아 모든 것을 잃고 카페 문을 닫는다. 나는 아무것도 걸지 않고도 멋진 카페의 주인이 되어서 또 새롭게 시작한 그들을 부린다.

5) 카센터의 진짜 주인

얼마 전 차 하부의 바닥에 기름 자국이 흥건하길래 카센터에 갔다. 원인과 수리 과정에 대한 설명을 들었다. 오래된 중고차를 굳이 그 과정을 거쳐 수리하는 건 바람직하지 않을 것 같다는 의견과 함께 효율적인 방안을 제시하며 정성껏 차를 정비해 줬다.

그 정비사는 몇 년 전 자신이 구할 수 있는 모든 방법을 동원해 자금을 모았다. 홀어머니와 자신의 집도 모두 담보로 잡고, 부지를 물색해 설계와 시공, 행정 업무까지 모두 관여해가며 카센터를 차렸다. 모두 빚이었기 때문에 밤낮으로 열심히 일해야 했다. 하루도 쉬지 않고 열심히 일했다. 부양해야 할 가족을 위해 더 열심히 일했다. 앞으로도 열심히 일할 것이다.

나는 아주 오래된 중고차를 타고 다녔다. 일 년에 한 번 또는 두 번 정도 카센터를 갈 일이 생긴다. 그 정비사는 언제나 나의 차를 정비하고 수리해 주기 위해 준비되어있다. 온갖 정성으로 내 차를 안전하게 운행할 수 있도록 해준 그에게 늘 그렇듯 나는 소정의 답례를 한다. 나를 위해 항상 준비되어 있는 그를 내가 고용한 것이다. 그 카센터의 진짜 주인은 누구일까?

그들 모두가 모든 것을 걸고 준비한 그 모든 것을 우리는 가볍게 이용하기만 하면 된다. 소정의 수고비만 지급하면 된다. 그 수고로움을 우리가 모두 대신할 수는 없기 때문이다. 그러니 얼마나 고마운 일인가? 그 모두가 우리를 위해 모든 것을 걸고 만들어서 우리가 올 때까지 기다려주고, 이용하게 해주고, 주문하면 만들어주는, 아주 적은 돈만 받고도 마다치 않고 해주는 그 모두에게 감사한 마음을 갖자. 주인이라고 갑질할 생각만 하지 말고. 정말 고마운 세상이다.

멋지게 살다가
후회 없이 죽는 법

삶의 목표가 무엇인지 생각해 본 적이 있는가? 만약 그게 돈이라면 게다가 특정 액수라면, 만약 그게 백 억이라면, 혹은 천 억이라면 그 돈을 버는 데 얼마나 걸릴까? 가능은 할까?

만약 그 돈을 벌게 된다면 뭘 하고 싶은가? 각자 꿈꾸던 삶이 있을 것이다. 그런데 대부분 턱없이 높은 목표이긴 하지만 그 계획이 그 돈을 모을 때까지 그냥 열심히 버는 것으로 끝나는 경우가 많다.

많은 사람이 은퇴 후의 삶을 얘기한다. 그런데 그렇게 열심히 벌기만 해본 사람들은 그 돈을 쓰지 못하고 죽는다. 쓸 줄을 모르기 때문이다. 혹은 평생 열심히 벌어서 모은 돈을 남은 삶 동안 병원비로 다 쓰기에도 모자라기도 한다.

친구의 아버지는 평생 열심히 일해서 자산 규모가 100억 대가 넘는다. 건강 상태도 좋지 않은 일흔이 넘는 노구를 이끌고 여전히 출퇴근을 한다. 친구는 아버지가 불쌍하다고 말한다. 그저 안타깝다. 그나마 친구의 아버지는 많이 벌기나 했지만 대부분의 평범한 사람들은 은퇴 후의 삶이 고단하다. 노령화 사회로 접어든 이 시점에 노인 인구의 절반 이상이 빈곤층으로 편입되고 있다. 힘들고 지친 육체는 마음껏 즐기고 싶어도 마음처럼 움직여주지 않는다. 그리고 대부분은 은퇴 후에도 계속해서 일을 해야 하는 상황이다. 서글프다. 그런데 주변을 둘러보면 과연 앞으로 모두가 겪게 될 미래에 대한 생각을 하기는 하는 걸까 싶을 정도로 모두 너무나 바쁜 삶을 살아가고 있다. 심지어 그들은 영원히 살 것처럼 살고 있다. 도대체 무엇을 위해서 사는지조차 의심스러울 지경이다. 왜 저렇게 바쁘게 사는 걸까?

연금 상품 가입하고 월 납입금을 얼마씩 내고 있으면 안심해도 되는 걸까? 안정적으로 살 수 있는 노후를 준비해놨다고 말할 수 있을까? 언제까지 일할 수 있을까?

그들의 삶은 후회로 점철된다. 특히나 한국 사람들은 그런 경향이 좀 더 강하다. 연간 노동 시간이 전 세계 최고라는, 세계 경제 순위 10위권의 국가에서 있을 수 있는 일인지 의심이 들 정도로 열악한 노동 시장의 문제를 인지하지 못하고 있는 것 같다. 대한민국뿐만 아니라 자녀들을 위해, 혹은 노년의 여유로운 삶을 위해 많은 것들을 포기하고 살아온 나름 성공한 70대와 80대 노인들이 가장 후회하는 것이 너무 바쁘게 살면서 가족을 잃고 산 삶이라고 한다. 당연히 그들의 노후는 외로웠다. 너무나 중요한 직장과 사업 때문에 눈코 뜰 새 없이 바쁘게 살고 있다면 결코 남의 일이 아니다.

세상에 나오는 것은 순서가 있지만 세상에서 사라지는 것은 순서가 없다는 말을 많이 한다. 정말 그렇다. 우리는 반드시 죽는다. 그리고 언제 죽을지는 아무도 모른다. 오늘까지 멀쩡했던 사람이 내일 어떤 식으로든 죽는다고 해도 전혀 이상할 것이 없다. 그건 나도 당신도 마찬가지다. 매일 매 순간 사람은 죽고 태어난다. 서글플 수도 있지만 우리는 모두 죽음을 준비해야 한다. 그러기 위해서는 후회하지 않을 삶을 살아야 한다. 지금 이 순간 죽음을 맞이한다 해도 후회하지 않을 사람이 과연 얼마나 될까? 억울하지 않을까? 그토록 열심히 살았는데?

지인 중에 위암에 걸린 사람이 있다. 다행히 초기에 발견해서 방사선 치료를 받고 있다고 한다. 그럼에도 불구하고 너무 힘든 시간을 보냈다. '왜 이런 일이 하필 나에게 생기는 거지?' 그런 상황을 맞이하면 누구나 같은 심리 상태가 되기 때문에 그에 따른 단계별 대응 매뉴얼도 정리가 되어 있다.

인간은 누구나 비슷한 상황에서 비슷한 심리 상태가 되고 비슷한 반응을 보일 수밖에 없다. 그런데 남들이 다 그런 반응을 보이며 그렇게 살아간다고 꼭 그렇게 되거나 살아야 할 어떤 이유도 없다. 남들처럼 사는 삶이 결국 허무해질 수 있기 때문이다. 치열하게 앞만 보고 달리는 경주마 같은 삶의 끝에 우리를 기다리고 있는 것이 허무와 외로움이라는 사실을 꼭 겪어 본 후에 후회해야 할까? 그전에 개선할 방법을 찾을 수는 없을까?

멋지게 살아보자. 하고 싶은 일 마음껏 하면서 즐겁게 살아보자. 남들 다 하는 그 일을 굳이 나까지 해야 할 이유가 없다. 대학을 꼭 가야 할 이유가 없는 세상이라고 이미 15년 전에 미래학자가 예견했지만, 여전히 우리 사회는 넘지 못할 거대한 벽이 되어버린 그 높은 곳, 대학을 향해 질주하고 있다. 그 앞에 가서야 좌절한다. 왜 느긋하게 꽃향기 맡으며 유유자적 걸어가지 못하고 흙먼지를 날리면서 미친 듯이 달리기만 해야 하는지 곰곰이 생각해 보면 좋겠다.

어차피 우리는 죽는다는 것을 잊지 말고 하고 싶은 일 하면서 멋지게 살 방법을 이제부터라도 고민해야 한다. 굳이 아침부터 밤늦게까지 재미도 없는 수많은 과목을 외우고 시험 치고 더 잘 치려고 자신을 학대하는 고등학교에 가지 않아도, 굳이 그 고등학교에 가기 위해 미친 듯이 선행 학습하지 않아도 얼마든지 행복하게 살 수 있다는 것을 엄마도, 아빠도, 아이들도 알았으면 좋겠다. 그래서 자신이 좋아하는 일을 찾고, 그 일로 돈을 더 많이 벌면서 하고 싶은 일들을 즐겁게 하면서 살기 바란다.

모두가 바라보는 그 공무원이 아니더라도, 그 대기업이 아니더라도, 그 공기업이 아니더라도, 그 무엇이 아니더라도 얼마든지 사랑하는 사람 만나서 결혼하고, 행복한 가정을 꾸리고, 아이를 낳아 기르든지 반려동물을 키우면서 때때로 여행도 다니며 쉬고 싶을 때 마음껏 쉬기도 하면서 살 수 있다는 것을 알았으면 좋겠다. 그런 삶이라면 어느 날 문득 불현듯 갑자기 죽음이 찾아오더라도 후회하지 않을 수 있을 것 같다. 설령 하고 싶은 일을 다 못 하고 죽게 되어 후회하는 일이 있다 하더라도. 그전의 무한 경쟁의 삶 속에서 영원히 살 것처럼 매일매일을 다람쥐 쳇바퀴 돌 듯 바쁘게만 살다가 갑자기 찾아온 죽음이나 사랑하는 사람과의 이별을 맞이하는 경우에 비할 바가 못 된다. 더 나아가 무한한 수익을 얻는 사업을 하고 있는 당신이, 그런 사업을 수십 개를 하고 있는 당신이, 더 아름다운 세상을 위해 어렵고 무거운 짐 진 자들을 위한 기부까지 할 수 있다면, 그조차도 거대한 사업으로 승화시킬 수 있다면, 너무나 행복한 상상이 아닌가?

세상에 위대한 발자취를 남기고 있는 진짜 영웅들의 이야기가 있다. 가난한 사람들의 눈을 무료로 치료해 주거나 가난한 사람들을 위한 은행을 설립해서 도와주고, 가뭄과 기아로 고통받는 사람들을 위한 나눔과 치료를 하는 사람들이 있다. 병들어 가는 지구를 벗어나 우주에 새로운 삶의 터전을 만들겠다는 사업가도 있다. 그것이 부러움과 동경으로만, 상상으로만 그칠 일인가? 지금까지 우리가 나눈 창업의 기술을 십분 활용하면 얼마든지 실현 가능한 일들이라는 것을 마음 깊이 받아들이길 바란다.

그렇게 멋지게 살다가 후회 없이 죽을 수 있기를 바란다.

창업을 준비하고 있다면 끊임없이 망설이고 두려워하고 있을 것이라고 생각한다. 모두가 무너지고 있는 세상에서 무너지고 싶지 않기 때문이리라. 그런데도 마땅히 할 만한 것이 없기 때문이다. 딱히 할 줄 아는 것도 없기 때문이다.

누군가의 성공 스토리는 계속해서 들려오지만, 이미 선점한 것 같아서 그대로 따라 할 수도 없을 것 같고, 새로운 아이디어는 떠오르지 않고 계속 고민만 깊어 간다. 창업 관련 수많은 책을 읽고 강의를 듣고 교육을 받아봐도 쉬이 결정을 내리지 못한다. 모두 더 잘하기 위해 무언가를 준비해야 하고, 자격을 취득해야 하고, 갖춰야 하는 일투성이다. 경쟁이 뻔한 방식의 일들뿐이다. 과연 저들과 싸워 이길 수 있을까?

그런 당신에게 애초에 다르게 시작할 수 있도록 사고의 전환을 일으키고, 창업을 위한 아이템부터 시작해 성장 전략까지 고민해 볼 수 있는 계기를 마련해 주고 싶었다. 직접적인 사례가 될 수도 있고, 실제로 자신의 일에 응용해 볼 수도 있다.

그간의 수많은 상담 사례를 돌아보면 답은 본인이 이미 알고 있다. 해당 분야의 문제점을 가장 잘 알고 있기 때문이다. 그것을 어떻게 풀어나갈지 몰랐을 뿐이다. 몇 가지의 질문만으로도 얼마나 많은 고민을 하고 있었고, 어떤 문제점이 있는지, 어떻게 개선하면 좋을지에 대한 생각들은 다 있었다. 다만 그것을 어떻게 상품화하고 경쟁하지 않는 방법은 무엇인지, 어떤 고객에게 판매할 수 있을지에 대한 답을 못 찾고 있었을 뿐이다.

본문 중에 언급했듯이 그들 중 대부분은 실행하지 못했다. 안 될 것 같기 때문이다. 자칫 실패할까 두려웠기 때문이다. 이미 시작한 창업자들의 한계다. 그 가장 큰 이유는 우리 대부분이 그동안 살아온 틀에 갇혀 있었기 때문이다. 고정 관념이라는 거대한 틀을 벗어던지지 못하고 있기 때문이다.

그 틀의 실체를 보여주고 싶었다. 앞으로의 삶에 전혀 도움이 되지 않을 고정 관념들을 벗어 던지고 꼭 필요한 지식과 정보들로 갈아치워서 얼마나 남았을지 알 수 없는 남은 삶은 부디 경쟁하지 않고 자유롭고 행복하게 살 수 있기를 바란다.

전략은 하나지만 창업자의 성향과 상황에 따라 방향성은 무궁무진하다는 것을 잊지 말자.

나는 내가 하고 싶은 일을 하기 위해 잘 다니던 직장을 그만둬 버렸다. 그래서 절박한 마음에 좀 더 빨리 성장할 수 있었던 건지도 모르지만, 별다른 매출이 발생하지 않던 초창기에는 하고 싶은 일을 계속하기 위해 생계를 위한 또 다른 일들을 병행하기도 했다. 그럼에도 내가 하는 일이 매우 좋아서 즐겁게 계속할 수 있다.

　계속해서 책을 쓰고, 교육과 강의와 상담을 병행하고 있다. 종종 애초에 준비했던 방식과 전혀 다르게 시작할 수 있어서 너무 감사하다는 인사를 전해 오는 초보 창업자들을 보면서 보람을 느낀다. 나는 어려운 자영업 시장이 지금보다 활기가 넘칠 수 있도록 많은 분이 가볍게 시작할 수 있기를 바라는 마음에 미력하나마 펜을 들었다. 창업에 뜻이 있는 모든 사람이 소중한 사람들과 행복한 삶을 누릴 수 있기를 바란다. 더 나아가 시간과 돈과 일로부터 완벽한 자유를 누릴 수 있기를 바란다.

　이 모든 영감과 가르침을 끊임없이 주시는 클라우드에어라인즈㈜의 최규철 대표님께 깊은 감사를 전한다. 그리고 이 모든 쉽지 않은 과정을 함께 응원해주는 아내 민정이와 범휘, 준휘, 찬휘, 아무것도 모를 건휘 4형제에게 깊은 사랑과 감사를 전한다. 그리고 원고를 선택해 출간까지 이끌어 주신 김양수 대표님과 직원들께도 감사를 전한다.

돈없고 평범한
당신을 위한
창업 전략서

초판 1쇄 인쇄　2020년 03월 24일
초판 1쇄 발행　2020년 04월 01일
지은이　　정효평

펴낸이　　김양수
디자인·편집　이정은
교정교열　박순옥

펴낸곳　　휴앤스토리
　　　　　출판등록　제2016-000014
　　　　　주소 경기도 고양시 일산서구 중앙로 1456(주엽동) 서현프라자 604호
　　　　　전화 031) 906-5006
　　　　　팩스 031) 906-5079
　　　　　홈페이지 www.booksam.kr
　　　　　블로그 http://blog.naver.com/okbook1234
　　　　　포스트 http://naver.me/GOjsbqes
　　　　　이메일 okbook1234@naver.com

ISBN　　979-11-89254-32-2 (03320)